电商如何改变中国

EAST-COMMERCE

A Journey through China E-Commerce and the Internet of Things

[意] 马尔科·杰尔瓦西（Marco Gervasi）◎著
高尚平◎译

中信出版集团 · CHINACITICPRESS · 北京

图书在版编目（CIP）数据

电商如何改变中国/（意）马尔科·杰尔瓦西著；高尚平译.--北京：中信出版社，2016.10

书名原文：East-Commerce: A Journey through China E-Commerce and the Internet of Things

ISBN 978-7-5086-6649-5

I. ①电… II. ①马…②高… III. ①电子商务－研究－中国 IV. ①F724.6

中国版本图书馆CIP数据核字（2016）第208130号

电商如何改变中国

著　者：[意]马尔科·杰尔瓦西
译　者：高尚平
策划推广：中信出版社（China CITIC Press）
出版发行：中信出版集团股份有限公司
（北京市朝阳区惠新东街甲4号富盛大厦2座　邮编　100029）
（CITIC Publishing Group）
承 印 者：北京通州皇家印刷厂

开　本：880mm×1230mm　1/32　　印　张：7.5　　字　数：146千字
版　次：2016年10月第1版　　印　次：2016年10月第1次印刷
京权图字：01-2016-6372　　广告经营许可证：京朝工商广字第8087号
书　号：ISBN 978-7-5086-6649-5
定　价：45.00元

EAST-COMMERCE

目录

EAST-COMMERCE

推荐序

跳脱出自己的身份，我们往往能更清楚地看到自己所处的位置和要走的方向。但马可却不是这样的人。他这种人很少见——能够突破东西方文化边界的束缚，将商业与科技两个领域连接在一起，从中得出一种更广义的观点来解释当今全球科技的发展变化。

2014年12月，我作为联合主持人，在中国深圳主持了首届“IDEAS互联网与物联网产业跨界峰会”。晚宴时我非常荣幸地和马可坐在一起，听他说到自己正在写一本有关中国电商和物联网方面的书。

在那之前，马可已经采访了很多富有想法的中国和亚洲的行业领导者。所以很自然地，我们的话题越来越宽泛，我也很快意识到马可所写的这本书是对当今中国技术发展的一种开创性分析和研究。我写这篇推荐序，不仅想强调这本书是全球商业和技术领导者们的必读之物，也想重申他的观点：在现在这个历史节点上，中国已经发展成为全球技术大国。

在过去几十年里，中国在技术甚至工业上的发展都受到了西方国家发展模式的启发。作为在2015年全球营业额排名第四的互联网公司腾讯工作38年的首席技术官，我见证了中国市场上的许多变革。早些时候，我们对西方的东西来者不拒，拿来就用。那时，速度是企业在市场上站稳脚跟的基础，所以当时许多公司更喜欢“模仿”而不是“创新”。然而在最近几年，我们看到中国在产品研发方面出现了翻天覆地的变化。随着中国企业的日益成熟，我们已经开始更注重消费者的需求，熟练地将现有的商业和技术模式发展为与西方企业完全不同的新型模式。

长期以来，腾讯的QQ即时通信服务在即时通信市场上占据着最大份额。所以当我们决定在2011年发布“微信”这款应用时，我们就想创造属于中国人自己的通信软件。这款应用是根据中国用户独特的社交习惯而设计的，这主要基于中国人亲密的社交圈。正是由于对国内消费者的深入了解，我们在短短几年内就将微信发展成为中国应用最广泛的移动通信工具；从全球范围来看，目前微信用户已经超过6亿人。在中国，微信不只用于人际交往，也是做生意的一个重要通信工具。

但为什么仅仅止步于通信软件呢？微信帮助人们用网络产品连接真实世界，自身地位也日渐稳固。对于用户来说，微信已经成为他们满足自身生活需要的平台：他们可以用智能设备进行沟通，购买离线服务和商品，在线支付，还能与公司和品牌互动交流。然而，现在已经转变成一个生活方式平台的微信，只是中国引发“O2O”（线上到线下）商业模式和物联网革命的一座灯塔而已。

大概在一年前，我从腾讯辞职，选择创立自己的投资公司——七海资本。我们这家公司的目标和信条就是：中国技术在过去几年的飞速发展和广泛应用（尤其是智能手机的广泛使用）将使中国在未来10年内成为物联网发展最为重要的市场之一。因此，目前我们正在大力投资高科技企业，避免全球技术发展失衡。

历史上出现过某些时刻，对人类产生重大而深远的影响。回想那些岁月，我们能够感受到事物瞬息万变，机会在我们眼前一闪而过，却没有明确的落脚点。但同时我们也知道，当一切尘埃落定的时候，世界格局将变得非常不同。通常在这些转折点上，要做出准确的预测并坚定地走下去是非常困难的。但是在这本书里，马可充分利用他从中国的技术行业领导者那里获取的丰富知识，为我们呈现出一个独特的视角，去了解中国将如何打造全球技术模式——不只在这一年，而是在未来的10年。当然，我希望自己在这场变革中也能起到一点作用，并希望这本书会带给你一些启示。

熊明华

七海资本创始人

腾讯公司前首席技术官

EAST-COMMERCE

序言

当你产生某种直觉的时候，你会做什么呢？你本能所感知的事物尚未发生，但你却对此深信不已。一般来说，你会有两种反应：你很清楚自己的想法，但并未对此付诸行动；或者你会尽力让它变成现实。我选择了后者。

2014 年，我开始写《电商如何改变中国》。我写这本书的初衷是想让大家了解，我是如何产生了一个富有争议的疑问并且为之找到了答案：中国是否已经开创了一种领先的商业模式，并最终将它传播至全球；若的确如此，会发生什么呢？

随着写作的深入，我逐渐意识到，出版商们可能认为我所提出的理论为时过早。虽然阿里巴巴善于制造新闻，但一种新型技术模式的确立仍然需要时间的检验。每次提到这本书，出版商们都会问："你觉得你说的真的是未来的趋势吗？"在我即将完成这本书的时候，我问自己，这个理论是否太超前了。《电商如何改变中国》还未得以论证，但我不能干等着出版商们认可它的存在，自己却什么也不做。这时，我发现亚马逊公司有一种自助出版工具，利用它，我基本上只需花几个小时上传我的写作文稿，然后它们就会出现在Kindle阅读器里的“万物商店”（The Everything Store）中。如此一来，我就完成了这本书的发表。

在本书的电子版率先问世的时候，我还不确定后面会发生什么。我曾对200多人做过采访，其中包括遍及全球四大洲20多个企业的首席执行官；之后，我对这些采访内容进行了长期研究；最后，我将研究后的心得总结以书面的形式呈现在这本书中。后来我决定做一个小小的实验：我把这本书打印出来，然后巡回演讲时，在不同的场合把它拿出来。到这时候，事情才开始变得有趣起来。

当听说第一本写有关中国电商模式的书已经面世时，人们立刻不约而同地产生了极大的兴趣。我们总是很想看到不同身份的人在听到相同信息时的不同表现：投资者想从这样的书中寻求见解，好决定下一步投资的打算；跨国企业想从书中了解更多有关创新型商业模式的知识；最后，中国企业想在书中找到关于“中国电商模式”何去何从的答案——它会替代欧美国家的商业模式吗？从我的视角来看，此时提出这样的理论再好不过。

同时，也发生了一些别的事情。本书中详尽提及的强大技术力量，始终在发展变化。所以在我的每一段巡回演讲中，听众们都想知道得更多。为了回答他们的问题，我一直都在关注中国电商的发展。不仅如此，我还与很多中国本土公司和跨国企业保持联系，并花时间了解它们的运作方式。因此，我一直在整理思路并且也完成了对内容的更新。所以我决定与新的出版商合作，推出了这本内容全新、覆盖面更广的书，相信会对读者产生更大的启示意义。

我对本书前面几个章节的内容都进行了扩充。比如，我们见证了“O2O”的商业模式在2015年的爆炸式发展；还有在这一章的最前面，我提到了与百度高层的沟通交流，这让我清楚地知道当下正在发生的事。那时我才了解到，“O2O”的商业模式正大力推动中国经济增长方式由“消费导向型”到“服务导向型”的转变。事实上，在2015年中国的GDP（国内生产总值）中，服务业的比重已经占到了50%以上。

而与零售商和新兴电商企业的联系则让我在写关于“一家著名时尚品牌征服中国电商市场”这一部分内容时得心应手。但这仍不全面，还有一些罕见的事情正在发生着。到2014年，包括百度、阿里巴巴和腾讯在内的中国电商巨头们都在团购和叫车服务等许多应用上激烈竞争。随后，我们看到它们开始相互结盟，共享市场。这意味着它们意识到，在探索未知领域的时候，和平共处、通力合作才能让各家企业皆大欢喜。

不仅如此，中国电商模式正在向全球蔓延。目前，中国互联网和电商巨头们正在加快对外投资的步伐。在印度，阿里巴巴已经采取重大举措，将其在中国的运营模式成功搬到印度市场；非洲则是腾讯主要发展的市场；至于百度和小米，它们在其他新兴市场上也有很大作为。我的直觉，现在终于应验了。

但有一个重要的问题我需要先说明。尽管中国在很多事物上都在不断演变，但有些根深蒂固的原则是不会变的。随着科技进步呈指数级增长，书中提到的那些公司终将会不可避免地做出改变或者合并，甚至消失。尽管我一直在追踪这些变化并把它们写在我的博文里，但这本书的内容并没得到实时更新，尤其在企业的状态和发展趋势两方面。它不能预测哪些公司会在未来脱颖而出，哪些公司最终会被市场淘汰；本书旨在阐述电商和物联网背后的一些基本原则。书中描绘的趋势和动向将在未来几年才会发展成熟。

这就让我想到一个与投资者和市场密切相关的残酷问题：中国电商的快速发展是否可持续呢？换句话说，电商发展一旦停滞，又会发生什么呢？如果我们近距离观察当下发生的种种，就会发现，已经形成的基础、原则并没有发生变化。潜在的消费增长仍然存在，但问题已经不在这里了。

我来具体解释一下。几十年来，中国已成为跨国企业规模增长的一个重要因素。但在 2015 年，中国 GDP 的增长已经放缓，增长率被控制在 5%~7%；中国的一些电商和互联网公司的股价也出现了下跌的情况，有段时间曾一度暴跌。因此，全世界都在质疑中国未来的发展状况。据著名“智囊团”——需求研究所（The Demand Institute）和美国尼尔森市场调查公司对中国消费情况的研究，未来 10 年内，中国 GDP 的增长会更加缓慢。为什么会这样？中国正试图将经济发展的依赖对象从出口和投资转向国内消费。中国经济看起来似乎越来越像一只“双头龙”：一边的出口和投资在放慢脚步，而另一边的第三产业仍在持续增长。所以需求研究所预计，无论中国是否能实现这种转型，未来 10 年内，中国的消费量可能仍会保持最高达到 60% 的增长。所以中国的消费力依然强大。

在这个增长过程中，互联网和电商扮演着什么角色呢？作为基本媒介，它们培养了一群新型消费者——“互联网消费者”。孔薇，即这本书的主人公，就是其中一分子。据需求研究所的另一份报告“消除层级”（No more Tiers）称，到 2025 年，“互联网消费者”的消费量将达到 80% 的增长。这就意味着，互联网几乎成为增长的核心因素，也成为他们获取信息和交易的渠道。

所以在我看来，不管 GDP 的增长幅度有多大，互联网和电商对中国来说都至关重要。它们已成为这些新型消费者文化的一部分——通过虚拟化连接，提高生活质量。那些仅靠估价或数值评估中国技术革命而不关心中国社会和商业模式巨大变革的人，正在错过这场变革在全球范围的影响。

总有一天，我将不再继续更新这本书的内容。但此时此刻，我仍然非常享受与各位实时分享我的研究成果。

马尔科 · 杰尔瓦西

写于上海

2016 年 8 月

EAST-COMMERCE

第一章

令中国焕然一新的电商模式

孔薇——她更喜欢大家叫她维奥莉特（Violette）——穿上黑外套，关上电脑和办公室的灯，准备下班了。这天是 5 月的一个星期三，5 月是她最喜欢的月份之一，预示着滋养万物的雨季即将来临。即便身处上海新天地商业街区的核心地带，对她来说，这一时节的到来也意义非凡。

37 岁的孔薇已经是久经商场的老人了。正如许多有抱负的中国人一样，她一直用自己的方式努力工作着。刚开始她负责的是质量监管，在视察各地工厂的同时，也积极推行国际上通用的生产标准。不久，她被派去负责生产时尚和运动等系列服装的几家欧美服装公司。最近她又升职为电商营销主管，为一家美国娱乐公司服务。发型时髦，穿着银色高跟鞋，背着白色时尚手提包，孔薇俨然一副斯特拉 · 麦卡特尼[①]（Stella Nina McCartney）的模样。

孔薇所在的办公楼挨着一座人工湖，这让他们拥有最佳的观赏视野；街对面还矗立着麦肯锡中国总部大厦。当孔薇下楼来到人迹寥寥

① 斯特拉 · 麦卡特尼，英国知名时装设计师。——译者注

的大厅时，她回想起曾经视察工厂时度过的那些“冰火两重天”的日子，和现在的工作形成强烈反差——她付出了太多辛苦，终于在公司里拥有自己的一席之地。

很大程度上，孔薇的人生经历和中国发展历程是一样的。上海新天地是个历史悠久的街区。曾经，仅当中的一小块区域就建有上千家“弄堂式”的二层楼房，也就是后来的“石库门建筑”。房屋最初都是独门独户，后来在“文化大革命”期间就变成公共住房供大家使用。十几年前，一位知名的香港开发商买下整片街区，并以现代风格装饰，重塑“弄堂之风”。现在再看这里，到处都是国际化的美术馆、酒吧和咖啡店，时装店与主题餐厅也比比皆是。也许你会看到一个20多岁的姑娘，想都不想就直接将她的最新款的迈凯伦或玛莎拉蒂停在中国共产党第一届代表大会的会议厅前。

离开办公室的时候，孔薇还担心下雨可能打不到车，而平时出租车都会排在办公楼门前等候。她可以坐地铁回家，但下雨就会很不方便。现在是晚上8点半，如果打车，公司会给她报销40分钟车程的路费，她也能顺利回到偏远的闵行区的家中。她果断从包里拿出手机，打开“微信”中的“叫车服务”，预定了一辆出租车。那个夜晚，她是幸运的——司机已经把车开到入口处。通常在这种情况下，司机不愿意去那么偏远的地方，但只要孔薇付给他一点小费，那就不成问题了。

也许上海已经非常现代化了，但出租车内的设备仍然很陈旧。孔薇坐的车是一辆老式大众，仪表盘上连导航系统都没有。她问司机知不知道她要去的地方，司机打开手机里的“百度地图”，不一会儿，里面的声音导航就指引他来到孔薇的家所在的地方。虽然出租车老旧，但有新技术弥补。

利用这40分钟车程，孔薇打算网购一些东西。她的新助理王望（Wang Wang，音译），最近工作非常辛苦，为筹备公司的第一家网店，短短几个月，孔薇的团队就已经从两人扩充到9人。他们招募了一支电商团队，雇用了一家网络营销代理，还建立了一个客户关系中心。他们已经到了手忙脚乱的地步了。

孔薇记得王望是个爱吃甜食的主儿，所以她打开一个类似于Groupon（美国一家团购网站）的礼券应用软件“卡都”（Kaado），在上面订购了一块绿茶味的提拉米苏蛋糕，并把相应的电子礼券发给了王望。这种礼券是一种促销活动，专门提供给那些使用“支付宝”支付的顾客。这样王望第二天早晨上班，顺道路过面包店，出示这张电子礼券上的提取码，就可以拿到蛋糕了。

孔薇终于到家了。她向司机表示感谢后下了车。至于车费，她已经通过“叫车服务”在线支付了。

我的中国发现之旅

孔薇的故事正是现在很多中国人舒适生活的真实写照，甚至比西方人的生活还要便捷。这就是技术变革对人们日常生活的影响。有两年的时间，我一直往返于中国和美国硅谷两地，正是在那段时间我发现了这些变革带来的影响，所以这两个地方就是上述故事的背景。

但这一切又是如何发生的呢？我第一次来中国是在 1996 年，当时我去复旦大学学习中文，时间为两个夏季学期。那时的中国，互联网还只是个外来工具，只有极少人懂网络，而且只能去网吧上网。为了写邮件，与家人朋友保持联系，我不得不走 20 分钟才能来到最近的网吧。有时候，我要排队等一个小时才能用上一台本就寥寥无几的联想电脑。当时的网络连接很差，网页要很久才能打开。所以在 20 世纪末的中国，几乎很难预见中国人有一天能过上像孔薇这样的生活。

千禧年之初，我在意大利读完大学后，来到米兰的一家法律公司做证券律师，并在那里工作了 4 年。那几年，互联网发展呈现繁荣与萧条相互交织的形势，而我那时作为公司资本市场团队中的一员，负责帮助高科技公司和其他企业在意大利和美国双双上市。

据亚马逊旗下的一家提供商业流量网站资讯的知名公司 Alexa 分析，21 世纪初，互联网的主流仍在西方。截至 2009 年 9 月，除日本和韩国外，全球排名前十的流量网站都来自美国。那时，互联网的确属于发达国家。[1]

2004 年，我决定去上海。初来乍到，我就任职于当地一家商业管理咨询公司。2007 年，我成为一名企业家，创立了一家咨询公司，专门帮助外国企业与中国本土企业合资创立公司或建立合作关系。

那几年，中国正在大规模推行产业化，经济发展也呈两位数增长。2001 年，中国加入了世贸组织，此后中国经济得到迅猛发展，有很多基础设施都是在那时完成的，包括城市、海港、机场和工业区。无论大型跨国公司还是中小型企业，每家公司都在中国设立了业务分支机构。那种感觉就好像如果一家公司在中国没有分部，那么它就会被全球规模化所淘汰一样。

以前，外国与中国只涉及业务往来；直到 2012 年我去旧金山拜访一位朋友，那里的情形让我对美国科技工业自身蕴含的能量和不断追求创新的精神惊叹不已。

当时我就感觉到，中国与美国硅谷要“碰出火花”，但我并不清楚二者会如何产生联系。它们的差异非常大：中国注重劳动力和重工业，而硅谷的动力则在于技术和效率。但直觉这种东西，通常很难解释。

在硅谷受到启发后，我回到中国，决定进行一轮采访，去问问我的客户，还有他们的客户：他们认为未来企业靠什么维持经营，以及企业如何创新。

那时我才意识到，中国市场即将发生重大变革。在这 30 多个采访中，有一个概念不断被提及：办公室将成为未来的工厂。我了解到，企业正在发展自动化生产，并不断缩减劳动力数量——因为机器成本更低，还不会罢工。

从全球范围来看，企业自动化会降低人力成本，所以跨国公司先着手整合总部生产力，使其更贴近他们的顾客。中国已经到了和很多传统产业说再见的时候。同时，技术能够降低门槛，这让很多当地的小型企业也参与进来，与跨国公司竞争市场。前者的优势在于能够小规模生产更廉价的产品。拥有大批工人的大型工厂正在被更小、更高效的公司所取代。

随着竞争日益激烈，中国不再是那个每家公司都能从中获利的市场。优势削弱，技术就显得更为重要。廉价劳动力已无法立足于中国。

我反复不停地咀嚼这句话：办公室将成为未来的工厂。我告诉自己，他们表达的意思就是传统产业正在被更具技术化的企业所取代。什么是技术化？我一时想不出这个词的准确含义，最后我发现：他们在告诉我，技术可能是不久之后中国经济迅速发展的新动力源。

但究竟是哪种技术，又是以何种方式起作用的呢？

我并不是一开始就对技术了解得这么专业。上学时，相比于科学，我对艺术更感兴趣。当我在 2007 年拿到人生中第一部智能手机时，我主要用它打电话和发信息，很少用它浏览网页。

换句话说，我和我这一代的很多人一样。但是时候做出改变了。

不识庐山真面目，只缘身在此山中。2013 年，我决定休假去游学。我想更多地了解我在中国所感知到的这种变革。我浅薄的中医知识让我明白：遇到问题时，也许答案就来自你最想不到的地方。

我在米兰旅行的时候，恰巧在一家咖啡店里碰到一个老朋友。他告诉我，美国加州有一个叫“奇点大学”（Singularity University）的地方。它位于互联网的发源地——加州硅谷的山景城，并由美国宇航局、谷歌、思科和基因泰克公司（Genentech）等赞助支持，目的是要让人们学会如何利用先进技术改变生活。那10天的旅程将我带到2033年：在那里，谷歌汽车、3D（三维）打印的身体部位、无人机和其他许多高科技产品都成为我日常生活的一部分。

奇点大学的课程极具挑战性，时间也很长，但我感觉大脑终于充实起来。课间休息的时候，我会沿着校园内的军用跑道走一走，伸伸腿。往两边望去：一边是摩托罗拉和思科公司的办公楼，另一边是美国宇航局的实验室，那里摆放着“漫游者”机器人（Rover Robot）的许多零件——“漫游者”组装完成后会被送往火星进行探测。这就是硅谷——创新的摇篮。

我一边走着，思绪却被拉回中国，一直在想关于技术如何在未来改变中国的问题。我知道中国正在寻求一条可持续发展的道路，为她的人民提供更好的生活——正如2010年上海世博会主题所说的那样：“城市，让生活更美好。”

此时此刻我还未意识到，一场重大的技术革命已经在中国悄然开始了。在硅谷，我们正忙于为未来做准备，到那时，技术变革将不可逆转地改变人类生活，即所谓的“奇点”，但我们并不知道这首先会在哪里发生。当时我也没想到这个地方可能会是中国，因为那时上海与硅谷还相距甚远。

游历完奇点大学后，我开了博客，准备写一些技术方面的文章。技术成为我写作的动力。我主要写的是技术如何进入我们的生活，技术带来的改变以及如何充分利用技术。

几个月后，我回到上海。一天下午，我正在南京西路的中心地带打车，和我一起的客户指着街对面那家新建的百货商场说道："这些百货商场可能不久就会陷入麻烦。中国日益崛起的电商行业会让它们很不好受。"对他而言，电商就是一个谜，一个装满未知事物的黑匣子。我的思绪再一次回到中国与技术身上。尽管我不太清楚技术会给中国带来多大变化，但我肯定的是，变革即将来临。

这一切始于2013年11月11日，也就是中国人戏谑的"光棍节"。这个节日由中国最大的电商企业阿里巴巴于2009年提出，是一种为刺激淡季的线上销售额而采用的营销手段。"光棍"，顾名思义，就是没有他人陪伴，更别说送礼物了。因此在这一天，"光棍"们就可以为自己或亲朋好友购买礼物。

这个节日的日期是由命理学所定的。中国人所说的数字"1"除了代表单位之外，还有单身之意。在中文里，数字"1"可以读作"要"，那么"11"就读作"要要"，而"11.11"就意味着"我决心要得到我想要的东西"。

所以中国的这些"单身贵族们"就会在这一天疯狂购物。在短短24小时之内，阿里巴巴的线上商品交易额就高达58亿美元，相当于美国"网购星期一"（Cyber Monday）线上销售额纪录的两倍。其中最为畅销的是小米手机，小米是中国目前最知名的一个智能手机品牌。

一夜之间，快递公司就堆满了成千上万的包裹。其数额之大，让快递公司不得不花数天时间才能将货品送到消费者手中。当数以百万计的国民网购了各种东西，包括鞋子、液晶显示屏、电动摩托车等等，物品运输时不能采用统一尺寸、标准化的包装进行操作，因此包装和运输就变成很大的难题。为了应对“11.11”的包裹运送问题，快递公司在各个分处都建造了非常大的仓库；电梯里也挤满了人，因为快递员要不停地上上下下分装包裹。

这个时候，我一边忙着帮客户建立工厂和研发中心，一边才意识到：大事已经发生了。中国实现了另一种飞跃，即“科技飞跃”，而我却差点错过它。我曾经一度以为互联网和电商只是让我的生活更为便捷的工具而已。除了满足我的日常工作需求，比如发邮件和起草文件等等之外，它们并不能引起我的兴趣；但现在是变革时代，它们不“只是”工具，而是已经成为推动中国经济发展的左膀右臂。突然间，我意识到自己虽然还生活在同一个国家，却已经来到一个不同的世界。这种科技飞跃正在改变游戏规则，而我对它的兴趣也越来越浓。

据Alexa分析，截至2015年10月，在全球前10家互联网公司中，中国企业占了两席；如果把范围扩大到前20家，那么其中有6家是中国企业，还有一家俄罗斯企业和一家印度企业。[2] 对于在新兴市场上快速发展的公司来说，互联网已经成为一种非常重要的工具。

我的思绪立刻回到了山景城里的军用跑道上。在奇点大学，他们的工作就是要想出能改善10亿人生活的办法。我突发奇想：如果你为中国研发出一款杀手级应用软件，那么至少从我的视角来看，这绝对会影响10亿人。然而，似乎很少有西方人提及，技术其实早已在中国市场产生了如此巨大的影响。

我知道中国有千千万万的人和孔薇一样，都在使用“百度地图”这种手机应用软件，用“微信”进行社交活动，用“滴滴打车”[①]叫出租车，以及用“支付宝”或“财付通”进行在线支付。还有一些软件是我从没见过的，甚至在奇点大学的谷歌校园里都没见到过。

中国已经在使用和硅谷研发的一样的技术，但使用的方式非常特别。受硅谷研发的很多应用软件的启发，中国研发的应用软件专门为国内用户设计，后者在数字层面上要比西方消费者更精明。当我还忙着在电脑上用Excel（试算表）和（Powerpoint）演示文稿准备文件和幻灯片的时候，中国的年轻人已经可以在手机上完成这些操作了。

我觉得西方人还未注意到我现在研究的东西，所以我想分享我的所见所感。中国以电商为先锋，经历了一场重大的技术革命。如此复杂的主题，必须通过调研并形成系统化的书籍输出，而不仅仅是发表一些文章或博客。2014 年 1 月米兰的一个夜晚，我和一位从事技术写作的朋友在喝酒聊天。几杯过后，我跟他提到我写书的想法和担忧。

听完之后他回应道:“你花了 10 年时间在中国帮助企业建立业务往来，而且在这段时间里，你也见证了中国翻天覆地的变化。你刚才提到的是一种非常新颖而重大的变革，可以说让中国焕然一新。

① “滴滴打车”现在已经更名为“滴滴出行”。——译者注

你不觉得这种现象可能会影响其他国家吗？也许就是这儿，离中国9 000 公里远的米兰呢！”换句话说：“你还等什么呢？”所以在米兰某天晚上 7 点钟的时候，我想通了。我把手头的一切事情全都放下，几天后回到中国开始我的研究。

中国经济发展的新模式

我想先回答两个问题：电商是如何在中国发展起来的，以及为什么它的地位变得如此重要。事实上，电商不只是中国的一个贸易工具，它已经成为中国经济发展的一种新模式。

据麦肯锡全球研究所的一份报告显示，中国的经济增长模式已经从“以生产和出口为重心”的旧模式转变为“以互联网和技术为导向”的新模式。[3] 该报告特别指出：“在过去 20 年里刺激中国经济迅猛增长的两大因素——大量的资本投资与劳动力扩张将不会永远强势下去。”这就意味着，由于互联网的广泛使用，中国“新经济”将依靠生产力、创新力和国民消费能力发展下去，而电商正在将中国从“2.0 版”发展为效率更高的“3.0 版”。这就是电商变得如此重要的原因。这不只是“换汤不换药”的新方式，比如凭借网络平台销售商品和服务，更是推动当今中国经济增长的新模式。

但电商是如何起步的呢？ 20 世纪末，美国刚刚兴起的电商模式给了中国很大的启发，中国当时的商业基础设施非常落后。由于中国领土广袤、人口众多，要在每个大城市都建立大型商场和现代化商店，不但成本太高，而且太费时间；而电商的到来正好弥补了这个不足，即线上操作要远远快于去实体店购买商品。

然而，中国不能简单照搬美国的电商模式，因为美国电商的设计理念就是针对发达国家的市场，而且还建立在传统的零售设施之上。相对于沃尔玛和梅西百货等具有美国特色的大型零售企业，家族式企业仍是当时中国商业的主心骨。

那时，为中国顾客提供类似亚马逊线上系统的服务成本非常高：亚马逊销售的商品大多为自营商品，其动用了百万人来执行采购和分销。如果要创造“亚马逊式”的规模经济，中国互联网公司需要将库存和物流等功能内化，还要雇用数百万人为它们工作。

你能想象一家公司有 2 000 万名员工吗？把荷兰的人口全部集中起来都达不到这个数量。所以，这显然不是一个可行的方案。

这种模式必须符合中国国情。中国首家，也是迄今为止最成功的一家电商企业阿里巴巴就找到了最适合在中国发展电商业务的模式。它没有复制亚马逊的模式，而是打造了一个类似eBay（易贝）的线上平台，将买卖双方连接到一起，这使它成为中国商品交易成本最低的一家企业。

2003 年，中国最具标志性的电商平台淘宝网正式上线。它最初就是用来为买卖双方提供在线交易的机会。即使中国经济仍广泛处于“实体型基础设施”的落后状态，但这种从“亚马逊模式”到便于进行小型交易的“eBay模式”的成功转变，使得中国进入电商发展的萌芽阶段。

中国电商的三大支柱

内心的激动、旺盛的精力和满满的好奇心促使我开启一段旅程，去探寻这个“神秘行业”（正如之前我的客户提到的那样）——中国电商的含义及其运作方式的真相。

中国电商的诞生和发展基于三大支柱：首先，它带来了“自下而上”的经济增长；其次，它创造了一个高度连接化的世界；最后，它普遍存在于社交活动中。同时，中国电商发展的先进程度也远远高于西方，因为它的运作平台是基于中国人普遍使用的智能手机。这样一来，它的市场用户数量就多达数亿，规模巨大。

中国电商的第一大支柱，就是背后拥有年青一代和农村居民的强大后盾做支撑。现在在中国创业，追求更好的生活，这比以往任何时候都要容易。任何人都可以在网上开店销售商品，无须另找一个生产场所。像阿里巴巴旗下的淘宝网和天猫商城等网络平台已经使数百万人成为在线创业者，他们共同拥有一个特别的名字——“淘宝卖家”。突然间，经营一家“淘宝网店”成为中国无数年轻人真正的职业。

此外，这样的创业现象并不局限于城市，在农村地区也屡见不鲜，名为“淘宝村”。这种线上商店的建立能够为当地居民提供另外一种选择，而无须远离家乡，到遥远的工厂或工地打工。从本质上说，这些电商平台使国民创业变得普及，进而推动中国经济全面发展。由此，它们也带来一种新的经济扩张，即“自下而上”的经济增长模式。

这一增长模式对了解中国的新兴创业群体极有帮助。在中国，传统的经济增长模式非常单一，为“自上而下”型。这取决于政府制订和实施的发展计划。一直以来，诸如高速公路、高速铁路、城市化和信息技术网络等基础设施都是中国经济增长的助推剂，而它们的服务对象也主要是国有企业或是与大型跨国公司共同组建的合资企业。

然而，近些年私营企业异军突起，成为中国经济增长的新生力军。现在，“自下而上”的新型企业和电商平台允许创业者们创造新的产品和服务，从而提高各行各业的工作效率。这是中国有史以来第一次，即中国的创业者和中小型企业作为一个新兴群体，不仅利用电商平台成功创业，更对国民经济产生极大的影响。

中国电商的第二大支柱，就是创造了一个高度连接化的世界。由于智能移动设施的迅猛发展，当前中国的虚拟世界和现实世界正以一种革命性的发展模式“合而为一”。这是连毛泽东都未曾预见到的。

它的出现是因为以前没有相应的基础设施，这反而成了中国最大的机遇。为了发展壮大，电商平台与互联网公司共同打造了一套完整的新型网络基础设施作为线上交易的有力支撑。这样的架构就像一套生态系统，由在线支付、智能物流以及客户服务应用程序等元素构成。如此一来，这套“生态系统”就将现实世界与虚拟世界连接在一起。这在西方还尚未出现。在中国，电商已经变得非常普及，甚至在“线下”都有人在使用它。例如，现在最常见的一种网购体验，即“点击即取”（click and pick）。这种“线上购物，线下取货”在中国已经是科学一样的存在。尽管在西方，“O2O”的商业模式听起来仍为时尚早，但在中国，这已经成为一种普遍现象。

最后，中国电商已经将购物转变为一种社交体验，也就是它的第三大支柱。中国人喜欢聊天，讨论商品，分享照片并给予评价。现在在中国，商业与社交密不可分。微信，这个已经拥有逾6亿用户[4]、只能在移动设备上使用的社交应用软件和媒体平台，不仅用于即时通信，还将阅读移动新闻、写博客、开设网店和移动支付等功能集于一身。越多中国人使用这款应用购买商品，它就越贴近一种社交体验。

以上三大支柱结合在一起，促使这种电商模式完全整合，也使在线购物、交流与订货的行为变得极为超前。如今，这种模式已经得到发达国家的密切关注，甚至到了争相模仿的程度。同时，其他类似中国这样基础设施发展落后的发展中国家也对这种模式表示认可。印度尼西亚和尼日利亚等国家都出现了一种越来越耳熟能详的说法：中国这种“电商模式”要比西方普遍采用的“一切实体店模式”更适用于发展中国家的国情。

尽管西方有无数的猜测，但硅谷的互联网和电商企业已不再是打破传统商业模式的唯一来源，或者说是最重要的来源。这也是它们第一次即将面临来自“非西方出品”的一种新型模式的挑战。

中国电商是一种新型商业和经济增长模式，它正在征服整个东方，也给亚洲乃至全世界带来一定的启示。因此，我就将这本书定名为《电商如何改变中国》。

中国电商的发展前景

看着电商在中国发展得如此迅速，开始我也不明白它如何在这么短的时间内就形成燎原之势，也不知道它的发展前景在哪里。

为了找出这些问题的答案，我想起奇点大学最初教授的课程之一，即关于线性增长还是指数级增长的问题。下面我来具体解释一下这个概念：我们大多数人会根据我们经历过的变化水平来判断下一次变化的频率和程度。人们凭直觉假设，未来的发展会以同样的变化速度进行。例如，收音机早在1897年就诞生于美国，可直到31年后它才受到广泛重视。那么在考虑网络发展的问题时，由于网络在1991年才被首次引入，人们就想当然地预测：它也要等差不多的时间才会得到广泛应用。但万万没想到，这只花了7年的时间。[5]

为什么会这样呢？原因在于，技术的发展并不是呈线性增长的，而是呈指数级增长。人们对事物的远期预测通常会严重低估它们在未来的发展趋势，因为这种预测通常基于“直觉上”的线性方法，而不是指数级方法。

我们再来看看互联网在泰国的使用情况。瑞银集团的报告指出：“到2012年末，泰国是世界上仅有的三个无3G（第三代移动通信技术）网络的国家之一——另外两个是朝鲜与古巴。然而在泰国引进了3G网络后，只花了一年时间，互联网的普及程度已经非常高。相比泰国，中国却用了三年半的时间才达到这样的程度。”[6]简而言之，当增长趋势呈指数级上升时，事物的发展要比我们预期的快得多。

线性增长与指数级增长的差别决定了技术发展的方式。后者是基于摩尔定律，它是由英特尔的联合创始人戈登 · E.摩尔（Gordon E. Moore）于1965年提出的一个著名理论。根据摩尔定律，集成电路上的晶体管数量大概每两年就会出现成倍的增长。所以每隔两年，集成电路的功率就会增强一倍。换句话说，我们的电脑或手机的处理能力每隔两年就会翻倍。

摩尔定律的适用范围非常广泛，包括处理速度、记忆能力、传感器，甚至是数码相机中像素的数值和大小都与摩尔定律密切相关，即它们的增幅都呈指数级增长。所以网络仅用7年时间就实现了广泛应用，而收音机则用了31年；在互联网的普及程度上，泰国也要快于中国。

同样，这也解释了电商在中国比在其他地区发展快的原因。但要了解它的发展前景，我们要首先回顾一下互联网的发展过程。

2005年，托马斯 · 弗里德曼（Thomas Friedman）在他的获奖著作《世界是平的》（*The World is Flat*）中提到，个人电脑就是变革助推器：它不仅让人们进到一个由互联网连接的世界，而且得益于互联网，人们又创造了一个统一的世界。

个人电脑与互联网的广泛应用打破了地域的界限，而且一下子把每个人都连接在一起，一个完全开放的新世界就此诞生。这一次，它不是由原子构成，而是由比特单位构成。这是一个虚拟世界，里面有数亿个相互连接的人，他们组成了这个充满信息、对话和在线社区的新世界。

然而，尽管让这个世界变得既平坦又虚拟的个人电脑是由中国生产，但中国在技术方面仍然落后。事实上，作为一个“以出口为导向”的经济体，中国生产的这些电脑绝大多数并非自产自用，而是用于出口。

另一个促成中国技术革命的设备就是智能手机。这个助推器不仅将人们连接到一起，还成为进入互联网和虚拟世界的工具。

尽管电脑制造商的工作成果是效用更强的个人电脑，但事实上，手机开发商才是摩尔定律的最大受益者，而且手机产品所占用的研发时间要远远少于个人电脑集成电路的研发时间。这证明了具有强大功效的手机足以替代电脑。在面临选择台式机、笔记本电脑还是手机的时候，中国消费者会毫不犹豫地选择手机，根本不考虑前两个选项。因为手机更小、功能更强，最重要的是——它们更便宜。

由于智能手机的广泛使用，目前中国在创造高度连接化世界这方面要领先于其他国家——只需一部手机，中国人就能完成现实世界与虚拟世界的无缝连接。

孔薇就是一个很好的例子。坐出租车时，她就在这两个世界中自由切换：线上订蛋糕，线下取成品；或者事先在网上挑好衣服，然后到店里试尺寸，最后在线购买。电商让这一切成为现实，因为它的平台已经将这两个世界连接起来了。

这对未来意味着什么呢？这种高度连接化的世界将创造出各种新型高效的商业模式。在零售、汽车、金融、医疗健康等行业，这些模式会将现实和虚拟两个世界连接起来。

这种高效的动力不仅来自互联网，也来自移动设备。目前，我们的世界正流行着可穿戴式设备，包括谷歌眼镜（Google Glass）、苹果手表（iWatch）、Oculus Rift（一款虚拟现实[①]头戴设备）以及Avegant Glyph（一款虚拟现实眼镜）。这些设备标志着物联网时代的到来，甚至会替代手机成为中国人连接彼此的新设备。10多亿中国人通过数十亿的设备连接在一起，他们将开启一种“外星人”的生活：不断进行交流互动，在现实和虚拟两个世界中自由切换。随着物联网时代的到来，这些设备之间会传输大量的数据，甚至将进一步壮大中国的电商。

了解中国电商的工作原理以及如何从中获利，比单纯了解中国的线上销售更有意义。我们所有人终究都会改变自己的习惯，学着在这两个世界中切换生活；中国电商则为我们提供了一种对未来的展望，并向我们展示这种全新的连接化世界在不远的将来可能的样子。

虽然互联网、电商和社交网络是西方世界的产物，但中国式创新却将这些技术推向了更为广阔的应用。到目前为止，大家仍以西方为榜样，认为创新力只会以一种形式存在，即独一无二的革命性

① 虚拟现实，即利用计算机发展中的高科技手段构造出一个虚拟的境界，使参与者获得与现实一样的感觉。——译者注

发明。然而，这种乍一看上去与之矛盾的创新却正在中国发生着。这种创新力影响巨大：它不仅改变着中国，而且不久之后也会对发达国家产生影响。它将成为一种新式革命，即随着进化而形成的革命。

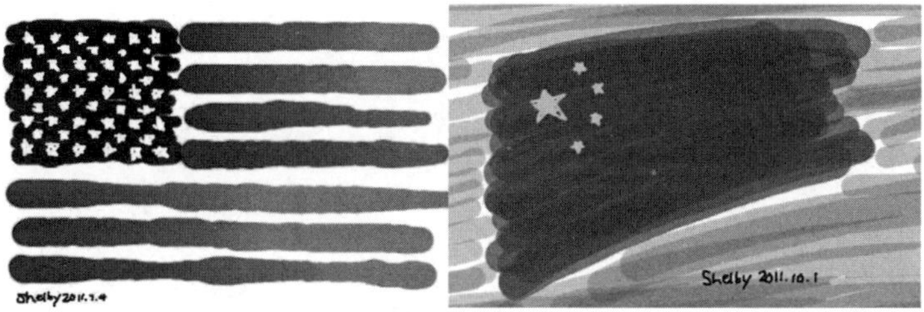

EAST-COMMERCE

第二章

科技与商业的完美融合

曾经是上海法租界的这块地方如今依然熙熙攘攘。这里既是旅行者们游玩的景点，也是上海职业化社会的缩影，正如薛哲君（Jacky Xue）在送他的最后一批客人出门。当他经过大堂的时候，清凉的夏日微风轻轻拂过这位年轻的餐厅老板的面庞。在度过了艰难的开端之后，薛哲君新开的这家意大利餐厅Primo突然一夜成名，成为美食家和观光客到上海后常去光顾的一个“景点”。

薛哲君脱去上面印有他的中英文名字的外套，并把它搭在靠近酒窖的一张深色皮沙发上。今年32岁的薛哲君看上去非常优雅，穿衣时尚。作为厨师，身材却保持得很匀称。他的扮相悄然改变了人们对一般西餐大厨的看法——人们在美食广告上看到的那些大厨形象。

薛哲君走过敞着门的厨房，在一个靠着砖墙的角桌旁坐下。墙上装点着许多刚挂上去的摄影作品，它们都出自一个很有前途的德国摄影师；旁边还有一幅照片，是他和中国的两个模特的合影。整个餐厅的装饰风格就和薛哲君设想的一样，整洁而高雅，像一家东京时尚餐厅。他注意到桌子上有一包刚寄来的包裹，是一个老主顾送来的礼物。他打开木箱，发现里面装的都是福建特产的上好绿茶。他的助手看见了他，就走过去和他讨论下周的菜单。

1842 年《南京条约》签订后，“上海法租界”这个名字就此诞生，即特许外国人在这里定居和做生意。1848 年年初，第一任法国领事来到上海，随即划出了一块 66 公顷的区域作为他的管辖区。这块区域东到黄浦江、北至英租界，但面积远远小于英租界。

法国人称这里为“东方巴黎”，因为这里会让他们产生一种家的感觉；上海人则会跟你说这里很安静，街道上种满了树，两旁也都是时装店和咖啡屋。这里绝对是上海最具活力的地方之一。

刚到这里时，薛哲君当起了酒店服务生，为的就是有朝一日能够筹足学费去上海的酒店学校学习厨艺。学成之后，他很快在后厨拥有了自己的一席之地。之后他来到东京中心区的一家顶级餐厅实习。尽管烹饪技术已小有所成，但他在日本的工作既不轻松也不有趣，而且不会说日语也成了他的大麻烦。

选择去日本工作，薛哲君并非没有深思熟虑过。他的目标就是要掌握烹饪这门艺术，并把学到的手艺带回中国。他首先在东京的一家非常有名的意大利餐厅得到了一份梦寐以求的工作，但入职的前半年他只学了用厨房的刀切蔬菜——那时的他还做不了厨师；然而在两年之内，他就成了后厨里不可或缺的一员，并且还熟练掌握了日语和意大利语；更重要的是，他从日本厨师身上学到了耐心、对完美的无尽追求和让人无可挑剔的服务态度。

28 岁时，薛哲君选择离开东京去了米兰，给当地一家米其林二星级餐厅的厨师当副手。那段时间，他学会了那家餐厅的许多招牌菜，比如Risotto alla Milanese（一种意式藏红花烩饭）。从那以后，他为自己制定了一个新目标：要赢得“米其林三星”的认可。

所以回到上海后，薛哲君就开了两家意大利餐厅——“顶级大厨”（Top Chef）和这家Primo餐厅。这些餐厅的名字代表了他在烹饪上的宏伟抱负，以及实现“米其林三星”的巅峰目标。

中国电商的独特之处

几个月前的一个晚上，上海的一个朋友建议去薛哲君新开的这家Primo餐厅吃饭。身为意大利人，我一般不会在外国的意大利餐厅吃饭，而是偏爱当地的美食，尤其像上海这种美味众多的地方。但我的朋友坚持说去那里，他想让我看看这家意大利餐厅的饭菜是否正宗。所以我们就去了。

中国的国际餐厅主要为外国人服务，因为他们的美食对中国人来说，口味通常太外国化了。但那一晚出乎我们意料的是，我们两个是唯一的外国客人。当我们注意到整个餐厅都是中国人的时候，我们决定主动出击，问薛哲君几个问题——我们就是好奇他招揽顾客的秘诀。他拿着一瓶Limoncello（一种意大利柠檬甜酒）来到了我们这一桌。

我们问他，如何将外国饭菜做到如此成功的地步，以至既能达到米兰本土风味的标准，又能满足这么多中国人的口感。给我们倒完酒之后，他讲述了自己的故事。他的秘诀很简单：耐心和信任。

当我们聊得正欢、喝得正酣的时候，薛哲君详细解释了他的成功秘诀。与其他中国厨师不同的是：他开了一家意大利餐厅，而且把从国外学到的烹饪技能用于中国——这本身就能引起大众的好奇心。然后，他开始“调教”他的客人们。

要建立信任，薛哲君首先从基本的小菜做起——只是一个简单的沙拉，上面就有橄榄油和香醋作点缀。慢慢地，他开始向顾客推荐肉、鱼、松露、生蚝、美酒和甜点。由于好奇心作祟，中国人会很想尝试新的东西。尽管他们对西餐很感兴趣，但懂得欣赏这些新式菜品仍然需要时间。

无论什么时间，无论中国人还是外国人，只要是新的客人来他的餐厅就餐，薛哲君都会从厨房出来，帮他们点餐，详细解释菜单上的内容，并认真了解他们的口味。

在厨房的时候，薛哲君也会仔细观察他的客人们。如果一盘菜只吃了一半，他会径直走到那一桌前，详细询问他们的反馈意见；如果有客人不爱吃那盘菜，那么薛哲君会免费为他们重新做一盘，即便这意味着后厨要打乱原有计划也要尽量满足他们的口味——目的就是要让他的客人们开心。

这种策略最终收到了回报。随着他将外国风味的菜慢慢融入中国人的口味，并且尽可能多做调整去赢得顾客的满意，后来他的客人都不再看菜单，只上薛哲君推荐的菜就好。

薛哲君一边玩弄着自己的车钥匙，一边向我们透露他是如何成功地将那个意式藏红花烩饭改造成更适于中国人口味的美食的——就是在烩饭上面放一只虎虾。烩饭在米兰是一种主食，但在中国却只被当作小菜看待；然而，仅仅放上一只虎虾就改变了一切。从此以后，这个意式烩饭就非常受欢迎，以至大家都会点上一份。

我暗自想："如果保持这家餐厅的现状不变，只是把他换成另外一个意大利厨师，就像'剪切'和'粘贴'一样，那么这家餐厅最后肯定会倒闭的。"

一直以来，在中国碰钉子的外国厨师将自己的失败归结于中国人的口味。他们错误地理解为这些本土客人不懂欣赏西方菜肴的美味之处。中国人喜欢把酒和冷饮混在一起喝；相比盛行于米兰、巴黎和纽约的嚼劲十足的aldente意面，他们更钟情于煮烂的面条。所以外国厨师通常总结道：中国人还没有经历过复杂的餐饮文化，无法完全领会西方菜肴的美味。

我在中国很少看到一个外国厨师从厨房走出来，帮新来的客人点菜。这些厨师很少把自己摆在和客人一样的身份上，做不到像薛哲君这样。

没人愿意只为了培养顾客以及赢得他们的信任而投入成本甚至是调整菜谱。但薛哲君愿意。"在中国做事需要很多耐心。"他这样说道。

薛哲君的故事有点像中国电商的发展故事：中国人从西方借鉴经验，循环往复地加以调整，使之融入中国特色的"口味"。

很显然，这听起来非常重要，但如此切实的理论却不受许多在中国的外国企业待见。它们都希望一开始就在中国赚到钱，却不愿意接受这种真正能让它们一举成功的模式。其中的过程可能会很艰难，但这在中国是必要的。

淘宝与eBay之战

成立于1999年、总部设在杭州的阿里巴巴是中国目前最大的互联网公司。正是它的出现，使中国电商这把星星之火终成燎原之势。其中的导火索就是2003年美国的一家拍卖网站eBay，以价值1 800亿美元的股份收购了中国的“网拍领导者”易趣网（EachNet），以此成为中国电商消费市场上最大的线上交易平台。[1]

大概在同一时间，最初只想将中国制造的产品通过网络出口到国外的阿里巴巴，也意识到了这个摆在面前的重大机遇——线上销售将成为中国的新型商业模式。[2]

阿里巴巴官方网站（Alibaba.com）起初只是以网络黄页的形式出现，即把中国制造商和贸易公司与外国买家连接起来。如果你想要中国制造的东西，“小如针，大如象”，像伦敦的哈洛德百货公司（Harrods）曾许诺的那样，那么上阿里巴巴准没错。

这种模式运营得很顺利，以至无论在阿里巴巴工作的，还是公司之外的人都很好奇：如果阿里巴巴针对国内市场研发出一个类似的模式，它是否也能运营顺利；以及需要何种条件。中国消费者并没有这种在西方早已构建起来的购物文化，而且中国的互联网市场尚不成熟。

阿里巴巴很佩服eBay这个“新来者”，后者的运营模式对一家刚刚成立的电商企业非常有用：一个连接买卖双方的市场平台——不是股份制，也没有仓储，固定成本还很低。正如薛哲君开的餐厅一样，如果阿里巴巴想在中国搭建一个非常成功的电商平台，那么它们的做法一定要有别于国内数百家模仿者，而且要看起来很洋气。

阿里巴巴知道国内消费者会喜欢eBay模式的运营风格，但要想让电商在中国不仅仅是昙花一现，那么阿里巴巴必须要对eBay的模式做改动，使这张“外国菜单”适用于中国人的“口味”。

阿里巴巴前副总裁、马云组建的淘宝电商团队中的重要成员之一——波特·埃里斯曼[①]（Porter Erisman）让我了解到阿里巴巴将这种外来模式成功转型的秘诀。波特是美国人，毕业于斯坦福大学，在2000年进入阿里巴巴。当时公司运营良好，但几个月后就因互联网泡沫破灭而陷入危机。2008年，也就是阿里巴巴在香港证券交易所取得瞩目性的首次公开募股的一年后，他离开了这家公司。2012年，波特执导了一部关于阿里巴巴前10年发展的纪录片《扬子江大鳄》(*Crocodile in the Yangtze*)。

波特说，eBay主打的是在网上拍卖收藏品，但这并不适用于中国。“中国改革开放才30年，没什么东西可卖，也没什么人会买二手货；而这种网拍模式得以成功运营的前提，就是有很多东西可卖，也有很多买家为其竞价。如果卖的东西很少，还没有买家的话，那

① 波特·埃里斯曼也是《阿里传：这是阿里巴巴的世界》一书的作者。——编者注

么拍卖就没意义了。”

阿里巴巴的电商团队明白，发展适于中国的电商模式，关键在于帮助工厂、商店和个体在线推销其产品。消费者想利用互联网接触各类商品，而不只限于收藏品。

因此，淘宝网应运而生。它是一个采用了C2C（个人对个人）电商模式的网站，由马云、波特和他们的团队于2003年共同创建。与亚马逊不同的是，淘宝没有仓库和物流网络，它只是一个连接交易双方的平台，就像eBay一样，让人们在网上做买卖。

为了建立团队精神，马云要求他的淘宝员工们身着军装，背着假枪，并在杭州的一个公园里组织了一场大规模的“枪战”，借此对eBay“宣战”。

淘宝在几个方面都对eBay的模式做了改动：它向卖家提供免税商品列表，还有专为中国用户“定制”的吉祥物、玩偶和涂鸦等元素。西方消费者可能很难理解这些东西，但它们能引起中国消费者的共鸣。

另外一个建立团队精神的例子就是淘宝会在内部举行歌唱比赛，形式类似“美国偶像”（American Idol）的节目，即要求员工在比赛中唱出一些振奋人心的话，比如“淘宝人的微笑，每天都会创造奇迹……建立新的纽带，缩短你我距离！淘宝连接你我他，幸福人生携手创”。[3]

“连接”的确是淘宝的秘密武器——如同“意式藏红花烩饭”上的虎虾。淘宝团队开发了一个在线聊天的功能，再配以其他工具，将买卖双方连接起来，进而建立信任。尽管在西方的电商模式中，这些连接并没显示出多大作用，但对中国市场却非常重要，因为在中国，人与人之间建立关系是做生意的基本前提。因此，淘宝变成了脸谱网和eBay的结合体。“对于中国用户来说，eBay似乎太古板，规模又太小。”波特回忆道。仅在两年之内，淘宝就成为中国市场无可争议的领导者：在2003—2005年，淘宝的市场份额就从8%猛涨到59%，而eBay在中国的市场份额从79%跌至36%。2006年，eBay不得不关闭它在中国的网站。[4]自此，淘宝大获全胜。

淘宝与eBay在中国电商市场上的这场“争名之战”极富传奇性，波特也在《扬子江大鳄》中将这段故事讲述得非常传神。按照波特的说法，淘宝从eBay身上学到的最重要的教训就是：“将西方模式照搬到中国是行不通的。”言下之意，他认为eBay错过了绝佳的机会——他们本该意识到电商在中国的运营模式必然要有所不同。“eBay天真地想把在美国使用的电商模式搬到中国来。然而，它本该从中国当地的客户着手，再开展其模式。这才是正确的做法。”他补充道。

换句话说：他们应该从厨房里出来，按照客户的需求配餐。

套用薛哲君的例子来说，当初阿里巴巴的客户量远远少于eBay这家著名的“外国大厨经营的外国餐厅”。事实上，一开始电商对中国人而言还是一个外来的概念，所以早期的时候，eBay还能掌控市场。但也是由于中国消费者还未能立刻接受电商，再加上eBay渐渐对中国失去耐性，所以eBay的中国网站很快就亏损了。

与此同时，就如薛哲君一样，淘宝也在继续修正其模式来满足中国人的“口味”：一直在改善和“更换菜品”，而且不计较短期的资金流失，但对最后的结果抱有成功的信念。最终，国内消费者将目光从eBay转移到淘宝身上，而且再也没有变过。

eBay进军中国的失败，也揭示了接下来几年外国技术企业在中国纷纷遇冷的原因。

随后，中国电商开始运用制造业公司在20世纪末至21世纪初采取的方法，即迅速将西方现有的模式循环往复地进行调整和改善，直至适应国内消费者。这一过程被称作“加速创新”。[5]

加速创新并不是硅谷大力推崇的革命性创新方式，但它也同样重要。事实上，中国电商的成功，依靠的就是能够不断进步，并能总结外国众家之长，使其广泛用于大众消费市场。这种新式改革正融入数亿人的生活中，从而在中国开启一种新式革命。

但具体来说，中国电商是如何有别于美国电商的呢？什么因素令中国电商如此独特？

网购即娱乐

孔薇就职的美国娱乐公司，距离薛哲君的餐厅只有几条街。作为公司的营销主管，此刻她仍在工作着。她还有一个小时就要与纽约总部的高管们进行电话会议了；她的助理王望则借着帮她们俩取外卖的机会，出来喘口气。

这段时间，孔薇和王望两个人一直与几位数字营销顾问合作，建设这家公司在中国的电商网站。孔薇需要再一次和总部高管们解释：中国顾客的购物方式非常独特，因此网站需要更适用于中国市场。之前她已经碰过壁，因为这家公司急于在中国、马来西亚、新加坡和印度尼西亚等多个亚洲国家创建电商网站，为了节约时间和成本，他们希望网站和运营能够统一和标准化。

办公室很安静。距离电话会议还有些时间，孔薇索性拿起iPad（苹果公司的平板电脑），点开一款非常热门的视频游戏。一个对话框弹出来，显示的是国内一家大型自营电商平台京东的官方网站（JD.com）。这时候孔薇突然想起之前在体育馆里看到的一双粉黑色相间的运动鞋。她暂停了游戏，开始浏览京东官网的主页。在网页左边栏，她找到了“运动鞋专区”，而此时一个手提包的广告动画又吸引了她的注意。

孔薇打开这个专区页面，但里面的包她一个都没瞧上；然后又回到运动鞋专区，想看看这里是否有促销——依然什么都没有。她干脆换到另一家公司，也是国内一家顶尖的线上限时特卖网站唯品会（VIP.com）碰碰运气。尽管这里卖的运动鞋也没有促销，但她看到一对产自苏州、手工制成的珍珠耳环——苏州素有中国“珍珠之乡”的美誉——其折扣价格令她难以拒绝。在网上迅速和卖家沟通完后，她就买了这对耳环，最晚明天晚上就能拿到了。

中国电商与美国电商最大的不同，就在于互联网在西方主要被用来搜索信息，而在中国则主要以一种娱乐形态存在，有人称其为

“娱乐高速公路”。所以中国电商的功能是娱乐顾客，就像视频游戏一样。

中国人把“上网浏览”称作“上网玩儿”——浏览即是“玩儿”。闲暇时，孔薇查看购物网站并不是专门要购买运动鞋或者任何特定的东西，只是用这种方式做自我消遣。

作为中国最成功的电商网站，“淘宝”这个名字可不是随便取的。在中文里，“淘宝”的意思是“挖掘宝藏”，所以从定义上来说，购物就是一种游戏。

“挖掘宝藏”并不属于理性购物的范畴，只是一种娱乐方式。“玩儿”可能包含了“浏览”，进而可能构成购物的行为，但产生购物这个结果通常是计划外的。当你在坐公交、地铁，或者在等电话会议的空档打发时间时，就有可能产生购买，这是一种潜意识行为。

当我第一次接触中国电商时，我不懂中国消费者是上网购物还是“玩儿”。作为一个谷歌的忠实用户，在线查阅东西对我来说就是一种娱乐。在YouTube（美国的一个视频网站）上看视频，查找酒店、航班、餐厅等等，也都是不同类型的娱乐。然而我却不明白中国的互联网和电商与西方的差距竟然如此之大。直到有位朋友带我走进这个由“线上游戏”和“虚拟现实”组成的世界，我才慢慢有了体会。

* * *

曾经是法租界的这块地方的建筑遗产各具特色，其中一个就是弄堂，好像中式庭院与西式联排住宅的混合体。一般来说，它们都是有三层楼高、四米宽的样子，格局呈网状，房屋之间非常紧凑，还有东西向或者南北向的小巷贯穿其中。

我就是在一幢很美的三层弄堂的顶层上遇到了托因·鲁吉曼斯（Toine Rooijmans）。他是上海霍特商学院（Hult Business School）信息技术管理专业的联席讲师，深谙中国互联网的发展过程。我来到他的办公室，想跟他学习更多有关中国电商和它与“线上游戏”紧密关系的知识。托因和他的商业伙伴奥诺在门口接待了我。

我们路过一片空地，来到一个会议室。这里的浅色木地板和白色家具营造出一种别样静谧的环境，好像屏蔽了办公室以外的都市喧嚣。

年轻的中国员工们正在电脑前工作着。“我们的网站叫作鼎食聚（Dining City）。”托因说。“鼎食聚”可以帮助用户预订座位，还能向用户介绍中国几大城市的特色美食。“我们就是上海的‘OpenTable’（美国一家网上订餐平台）。”奥诺补充道。[6]

突然，托因的狗朝我们跑来——它想和我们玩儿。托因扔给它一件小玩具让它自己玩儿，然后我们走进会议室坐了下来。我拿出笔记本准备做笔记，而那只狗就在玻璃门外看着我们。它很好奇，也许是因为它知道我要听到目前为止所听过的最有趣的故事之一了。

托因是荷兰人，体瘦，短发，反应快。他上身穿了一件Polo衫，外面套了一件蓝色制服；下面穿着一条牛仔裤和一双棕色皮鞋。他喜欢舒服的工作状态，但穿衣也很考究。

早在2006年，托因就开始在中国生活，一直到现在。这段时间他见证了中国的种种变革。最初在中国当实习生时，他在一家网游研发公司工作，与孔薇玩的那个游戏很相似。当时他主要负责市场调查，以及用户信息整理的工作。

实习期过后，托因来到一家研发3D平台的韩国公司，该公司为游戏、电商和教育产品提供技术支持。而托因的工作则是要想办法为公司的虚拟世界平台带来流量，引导用户产生购买行为并保证能够及时收到订购的产品。在那几年，他学到的正是中国电商模式的核心。

托因做市场研究时，其中一项工作就是要采访游戏玩家，并研究用户行为。后来他发现，中国人在互联网方面会呈现出非常不同于西方人的心理状态：西方人通常用互联网查寻资料和了解事物，而中国人则用互联网娱乐自己——不论何时何地，他们都在“玩儿”着各种东西，甚至一边做其他事一边“玩儿”。从过去到现在，单调乏味的生活一直驱使大多数中国人投向互联网的怀抱。

为了全面了解中国人选择“玩儿”而不是“研究”的原因，托因向他的用户们简单地提了一个问题：“你是如何知道我们的网站的？”后来他明白，这些用户是通过口碑传播或博客才知道这个网站的。然后他又问这些用户，他们是否会上网搜索他们不了解的东西。得到的回答总是一致的：“我们如果不知道某件事，就去问朋友。”

“如果你的朋友们也不知道呢？”托因紧跟着问道。“那么就没人知道了。”他们就会这么回答。

此外，还有一个让中国互联网文化异于西方的原因：在中国，线下的真实世界非常无趣，反而促使线上的虚拟世界成为人们逃离黯淡生活的避风港。这在中国数量多达数亿的工人身上体现得尤为明显。

中国的娱乐产业对网络世界而言毫无竞争力。电视节目的监管非常严格，以至它们无法取悦年青一代的观众群体。事实上，现在年轻人不看电视已经不是什么稀奇的事了。[7]互联网才是他们主要的交流和娱乐媒介。因此，网络世界已成为现代中国文化的创新中心。

托因和奥诺的故事让我想起了孔薇的网购经历——这就是她要向纽约的公司高层们解释的东西。如果西方品牌单纯地认为将网站在原有基础上做些简单的改动就可以打入中国网络市场，例如将网页内容翻译成中文，增加“亚洲”面孔，或是给主页变换颜色等等，那么这无疑会是一个很大的风险，这只是向中国市场迈出了一小步。然而，西方品牌更要注意考虑的是，中国人上网是为了娱乐，无论他们是在购物、玩游戏还是“挖掘宝藏”。

这也就是，中国人的购物行为的独特之处。

一千零一次点击

《一千零一夜》是世界著名的文学读物，出自阿拉伯，在西方称为《阿拉伯之夜》。其中的故事都是以巫师、魔法师、神奇地方和国外集市为主题展开的。

看看中国这几大电商平台——淘宝、天猫、京东和1号店，感觉它们很像数字版的国外集市。

根据麦肯锡全球研究所的一份报告显示，中国90%的线上交易是在这些“集市”上完成的；[8]在美国，这种市场平台所占的交易份额仅相当于中国的1/3，大概只有24%。因为既有商品又有商家，阿里巴巴的市场平台就成为一种成功的商业模式——至少目前如此。它不但带来“集市”的感觉，而且又好玩又有趣。

数百年来，全球集市的生意总少不了中国人的身影。集市最初出现在贸易枢纽中，成为促使周边城市发展和繁荣起来的原因之一。集市的英文单词“bazaar”[9]源自波斯文“vazar”，它的意思是商业区，即人们可以在这里购买或交换商品和服务。[10]

很快，中国“集市”不仅成为商品交易的场所，更是中国各个城市的社会、宗教和金融中心——如同苏格拉底之于雅典城一样。因此，中国“集市”要比西方商场拥有更浓厚的历史和文化意义。

如今，在新世纪第二个十年的中期，中国人能够在48小时之内建起一座15层楼的大厦；中国的手机用户人数已经超过12亿；还建有若干条世界上最快的高速铁路，穿梭于中国广袤的大地。不过，尽管中国的现代化程度如此之高，但一些特定的习惯和期望仍然保留在中国人身上。

集市就是其中之一，而数字市场则成为它的“3.0版”。无论在俄罗斯、旧金山还是巴拿马城，世界各地的唐人街都能体现中国集市的许多特点。几个世纪以来，中国人不仅完善了集市的模式，把它带出了国门，而且他们现在还将这种模式升级，变成一种成功的网络版本，即“一千零一次点击”型集市。

中国“集市”一次又一次地向国内企业和商人展示自己强大的竞争力。[11] 而这种数字平台（或网络集市）也具备古代集市的诸多优点：让商家们相互竞争，从而降低售价；允许买家与多个卖家对话，从中得到关于商品价格和质量的反馈信息。

还有一个结果是，在买家看来，集市以外的商家的产品质量得不到保障。因此，相比直接到个体网站，比如汤丽柏琦（Tory Burch）或普拉达官网（Prada.com）上购物，中国人更偏爱集市。

就如许多中国消费者一样，孔薇可能会去一家公司的官网上看看新品，但不会去买。在中国，集市被认为是高度社会化的主体，而个体品牌网站似乎有些“不合群”，因此不被中国人信任——至少目前如此。

那么数字集市大获成功的现代化因素又有哪些呢？根据《金融时报》的一篇文章所载，在中国购物是一种压力极大的体验。通常情况下，买家有两种选择：他们可以去商场购买昂贵的西方商品（一般是中国制造）；或者是去市场，冒着被宰的风险购买无法保证是正品的商品。

“通过给人一种既传统又超前的购物体验，数字市场消除了人们购物时的压力，并把它转化成一种轻松的虚拟体验。阿里巴巴就是如此：网站看起来可能会给人很乱的感觉，像市中心的集市一样，但购物时则比线下集市方便很多，省掉了很多的麻烦事儿。”[12]

中国的市场运营商们会提供一个中心网站，即允许中小型企业和微型企业销售各类产品的一个线上平台。这里的开销成本低，在线商家多，使得售价极具竞争力。

马云在斯坦福商学院演讲时说道：“你们可能看到过一件T恤在实体店里卖150美元，在淘宝上却只卖15美元。为什么差别这么大呢？因为线下销售需要缴纳很多费用，包括广告费、分销费等等，这些都会抬高成本……我们让消费者变得更加精明，并且使消费者更多地参与到交易中来。”[13]

中国的电商平台让消费变得简单，还让购物变得有趣。它们让顾客了解更多有关产品和价格的信息，并且尽量避免垄断性卖家向消费者要价过高。

换句话说，它们创建了一种信任系统。

当孔薇在网上浏览耳环并找到她喜欢的那一对时，她立刻打开一个对话窗口，和卖家聊了起来；聊了一会儿后，他们就成交了。这就是建立信任的过程：一旦孔薇觉得舒服，她就会下单。

如果这个店家做好自己的工作，那么顺利完成两到三笔交易后，孔薇就无须再和对方交谈，而是直接下单。这是因为这个店家已经得到她的信任。一旦信任建立起来，就会有更多的交易发生，而且后面的订单也会越来越大。

试想一下：无数的交易都在同一集市上发生着，而且每天都有成千上万的买家评论，内容都是关于这个店家或者他家的产品情况——几乎包含了一切你想了解的事情。在这个系统中，职业道德将会得到回报，信任就是保证电商平台顺利运转的润滑剂。信息不对等的情况正在减少，这使得买卖双方都受益。至于独立品牌运营的网站，它们是无法和具有完善信任体系的市场平台抗衡的。

但这样的平台有哪些呢？它们又是如何运转的呢？

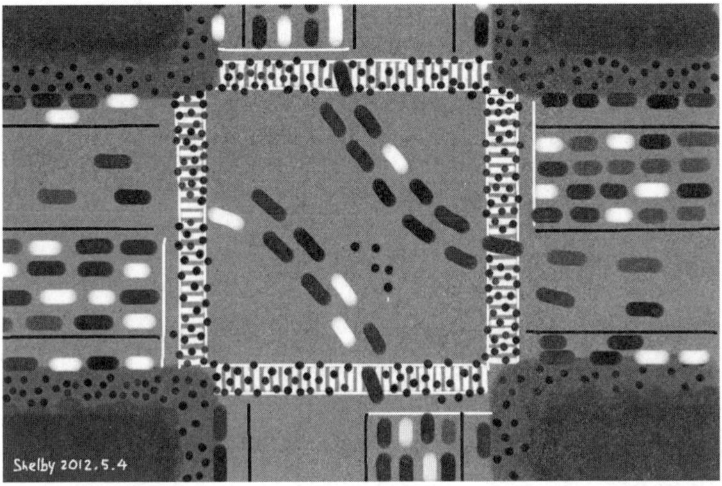

EAST-COMMERCE

第三章

新型商业帝国的崛起

1995年，马云在北京一个国家部门的接待室里与两名政府官员热烈讨论着什么。当那个身着灰西装的官员走向马云的时候，马云按照中国的礼节，起身，稍稍弯腰鞠躬，并用双手将名片递过去。马云之所以去那里，是为了“推动中国走上‘信息高速公路’”。当时，人们还没听说过“互联网”这个词，所以他有意提到“高速公路”的概念，好让这两个官员明白他的意思，但他们都听不懂。

那个身穿亚沙布料西装的官员嘴里叼着烟，眼睛盯着地面，似乎一点也不感兴趣。随后马云坐在一台电脑前，向他们展示他创建的网站。他很想发布这个网站，也就是当年的“中国黄页”。马云解释道，目前中国互联网上的内容非常有限。“但在这点上，我们会做得比美国人更好。”他说。

这两个官员看着他，只是点头，却不懂他在说什么。

后来，马云向另一个官员说起他的“高速公路”计划，希望这个官员能明白他想做的是什么。马云说他的网站已经设计完成，但网页内容仍是空白的，所以需要政府的认可。“你必须先预约。”这名官员说，“这是流程。如果你没预约，那我很难给你一个满意的答复。”

几个月后，马云的“中国黄页”还是关闭了。在商务部的一间沉闷的办公室里完成技术工作后，他准备创办下一个公司：阿里巴巴。[1]

2014 年 9 月 19 日，随着收盘声响起，阿里巴巴集团正式在纽约证券交易所挂牌上市。它的首次公开募股也创造了历史——市值高达 2 310 亿美元，[2] 远远高于其他的美国科技巨头，比如脸谱网和亚马逊，还有早已在美国家喻户晓的企业摩根大通和宝洁公司等。[3] 据《华尔街日报》统计，如果阿里巴巴是一家美国公司，那么凭借其市值，它将成功跻身美国前十大企业。

2015 年 11 月的一个周一下午，我穿过香港湾，来到九龙区，径直走进环球贸易广场与维克拉姆 · 马尔霍特拉（Vikram Malhotra）会面。他是瑞士信贷集团（Credit Suisse Group）在亚太地区的负责人，而瑞士信贷在阿里巴巴成功募集 200 多亿美元的首次公开募股中扮演了带头人的角色。

一名接待人员带我进了电梯，直达第 88 层大厅。我走过一片迷宫般的走廊，其中有许多会议室、雕像和画作，最后来到一个卡拉奇（Karachi）风格的房间，它正对着雾蒙蒙的香港湾。维克正在办公室等我。他身着蓝色西装、格子衬衫，袖口上还别有“上海滩”（Shanghai Tang）袖扣。一看到我进来，维克立即伸出手，热情地做自我介绍。“你好！我叫维克。”维克在瑞士信贷是个响当当的人物，他已经在这里工作了 25 年。坐下来后，我拿出笔记本，而他会告诉我这个世界上最大的首次公开募股背后的故事。

“在所有上市公司的首次公开募股活动中，这是我们做得最成功的一个，我们从启动到听证会全程参与。”维克说。后来我了解到，这次公开募股是通过 4 年的努力才完成的。“这绝不是一蹴而就的。”维克说。

自 2011 年开始，维克和他的团队就开始帮助阿里巴巴，使之成为电商市场的领头羊。他告诉我一些关于达成 9 月那次募股的几件非常重要的事情：2012 年，他的团队成功为阿里巴巴争取到 5 笔并购和融资的交易。瑞士信贷集团是阿里巴巴回购雅虎股份的首席顾问，而且阿里巴巴在 2007 年上市之后，瑞士信贷还建议其慢慢将阿里巴巴官方网站私有化。[4]

“对于一家技术公司来说，83 亿美元的股份回购算是非常大的一笔贷款交易了。这需要判断力和深思熟虑。”维克解释道，“为了达成这笔交易，我们付出很多辛劳。2012 年，也就是脸谱网刚刚上市的时候，当时的市场情况举步维艰。为了达成交易，我们有几次也不得不出面扭转局势，再加上我们公司也投资了阿里巴巴，这也奠定了这次募股的成功。”

根据维克的说法，这次募股获得成功更是基于阿里巴巴的业绩。“我觉得阿里巴巴员工所做的事情非常吸引人。那里的员工很清楚自己的目标，并为之奋斗。他们想要挑战现状，创造奇迹。”

“多亏阿里巴巴，中国才从‘无网购状态’一跃成为‘网购的先行者’，硅谷也认可中国的互联网公司所扮演的这个重要角色。”维克说，“随着这次募股活动的成功，杭州西湖的新鲜空气给硅谷注入了新的动力。”在说到阿里巴巴回购雅虎和对阿里巴巴的战略投资时，他这样比喻道。

互联网开拓者

阿里巴巴的故事有点像中国互联网的故事：从一个没有内容可搜的搜索引擎开始。“马云并不是中国第一个成功的互联网企业家。”波特在接受意大利记者欧金尼奥·考（Eugenio Cau）采访时说道，“马云的成功建立在无数次尝试的基础上。”[5]但马云绝对是个先驱者，他走遍中国各地，去说服其他的本土企业家加入互联网阵营。“是他把中国带入了互联网时代。”波特说。

自 1995 年早期试验阶段开始，中国就针对互联网发展制定了明确的方向。不同于美国的是，中国的目标不在于创建一个以创新和信息处理为基础的社会，而是建立一个以智力为基础的知识经济形态，希望从原有的依靠体力劳动和自然资源的体制转型。[6]

中国希望利用互联网，将本国纯靠制造业发展的经济模式上升为依靠服务业发展的经济模式，当时还不需要互联网来传播各种资讯。

然而，中国无法单靠自己建立互联网，所以需要外界的援助。许多从美国留学归来的中国人，即著名的“海归一族”，回国后纷纷成立了互联网公司。[7]至此，中国出现了第一个创业黄金潮，包括第一批公司上市，还有大量的风险投资不断涌入中国互联网市场。[8]雅虎及其创办者杨致远就是在这个时候进入了大众的视线。

中国绝大多数互联网公司都选择在美国资本市场上市。这是因为，互联网在亚洲还是新兴事物，资本市场对技术方面还不了解。一家在硅谷为技术公司提供咨询服务的全球知名律师事务所——奥睿律师事务所（Orrick, Herrington & Sutcliffe LLP）驻香港合伙人比利·王（Billy Wong）告诉我说："许多中国和亚洲的互联网公司（从事游戏、电商等等）选择在美国上市，是因为最初的亚洲市场很不成熟，尤其是不懂如何让技术公司挂牌上市。但在最近几年，中国有些技术公司开始选择在国内的证券市场上市。因为这样一来，公司上市的估值会更高。然而，相应的问题也随之而来：许多A股上市公司的估值是否真正能够反映出它们的核心价值。考虑到中国在2015年夏天发生的股市暴跌的情况，我们看到许多股票发行人开始重新思考：从长远考虑，中国证券市场是否为适合公司的上市平台。"

"21世纪中末期是属于'互联网开拓者'的日子。"鼎食聚的联合创始人托因感慨道，"这一切都发生得太快了！记得在查看这半年订单的数据报告的时候，我发现在中国，每分钟都有相当于一个欧洲小镇数量的人第一次上网。他们之前从没上过网，甚至对互联网都毫无概念。"托因大胆猜测道："这种新生力军出现得非常多，而且人数还在增长。他们中的大多数人都会去网吧，打开hao123.com（百度旗下的一个门户网站，也是世界上使用人数最多的网站之一[9]），开始上网玩游戏。"

根据托因的说法，中国互联网起初只是面向年轻人，但它很快就影响到其他年龄层的人。“下一步，你将会看到各种高端、中端和低端用户。互联网用户也会随着城市的发展更加细分，如一线、二线、三线和四线城市用户。”托尼回忆道，“每次调研完之后，我们就意识到 6 个月后就得重新调研一次，因为市场变化实在是太快了。”

那些年，中国有太多互联网公司在极短的时间内就经历了“设立、成熟和倒闭”的生命周期。“看着这些生命周期，你就明白这些公司为了适应用户的需要而改变产品的速度有多快。我也从来没见过这种情况。”托因感慨道。这说明中国在核心产业上加快了创新的步伐。

“一般来说，用户会在今天做一件事，在明天做另一件事。”托因说，“有人发现这种做法毫无效率可言，所以决定对此做些什么——如果成功，他会很快变得富有。不久他离开了，然后由下一个人接替他，去解决下一个问题。以此类推。”如果你看到在几乎毫无资源的情况下，人们在中国所做的事，你会深感震惊。

托因向我讲述了李学凌和他的公司YY.com的故事。YY.com是中国一家大型的视频社交网站，用户多达数亿人。作为一名狂热的线上游戏玩家，李学凌在 2005 年创办了这家游戏门户网站。在此之前，李学凌对中国的游戏玩家们聊天时所用的网络语音通信协议（Voice Over Internet Protocol）的质量深感失望。比如在玩魔兽世界（World of Warcraft）的时候，玩家们会因为音效质量差而无法与其他玩家协作发动攻击。

2008 年，李学凌开发了一款通信服务软件，能够让玩家们一边玩，一边通过互联网进行语音和文字聊天。突然间，所有玩家都来到他创建的这个平台上。之后，他又创建了虚拟练歌房，让喜欢唱歌的人开办虚拟的“个人音乐会”，而听歌的人会拿出虚拟货币支付给这些歌手，后者可以将这些货币兑成现金。不久，连来自中国偏远乡村的歌手都蜂拥来到这个平台。“一个年轻人创建了一种功能，通过解决效率低下的问题赚到了钱。”托因说。2012 年，YY 语音在纳斯达克上市，小米公司的创始人雷军就是投资者之一。

“看看这些故事，你就会明白中国互联网的发展有多快。”托因说。这种发展，关键在于中国人愿意尝试新事物，也愿意放弃原有的条条框框。“我看到中国从一个‘无人上网’的国家，转眼之间就变成‘数百万人玩网游’的国家；后来，人们开始在线购买虚拟商品，但网上还没有支付系统；最后，随着人人手握一台智能手机，价值数十亿美元的电商市场诞生了。现在，我们拥有了像阿里巴巴、京东和 1 号店等电商平台，里面的货品各式各样、数量充足，还能当日到货。”托因说。

“你很难想象，这一切的发生仅用了 10 年时间。这趟旅程可真够疯狂的。”托因说。即便是这些疯狂的“开拓者时光”结束了，事物也将变得更加标准化，但他仍相信，“这仍是个令人非常兴奋的时间点。尽管有些需求并不是必须的，但各种各样的创新始终在出现。从某种程度上说，中国仍是个发展中国家，这里仍有许多需要完善和创造新事物的机会。”

为了更好地理解为什么托因对此感到“难以想象”，我们来看看这些塑造了中国互联网经济的几家核心企业吧。

百度、阿里巴巴、腾讯和“X因素”

一提到中国的互联网公司，人们首先想到的就是著名的三大网络巨头：百度、阿里巴巴和腾讯，也就是大家所说的BAT。它们拥有非常大的平台，而且都是由中国人创建的企业。公司的总部分别位于北京、杭州和深圳。

然而，仍有一些行业专家认为会有一小部分的其他公司将在不久之后拥有巨额市值，以此对百度、阿里巴巴、腾讯在中国互联网行业中“三足鼎立”的地位发起挑战。一名中国顶尖的风险投资家甘剑平认为：“现在是讨论一下中国互联网行业中‘X因素’的时候了。换句话说，也就是除了三大网络巨头之外的‘X因素’。它代表了中国下一个巨大的网络平台。”

我第一次听甘剑平说“X因素”理论是在一场金融会议上。我想了解更多关于这个理论的内容，所以我联系到甘剑平。我们在他上海的办公室见了面，他是启明创投公司（Qiming Venture Partners）的董事总经理。这是一家专注于企业早期的风险投资公司。自2006年创立以来，它已经成为中国领先的投资企业之一，管理着4家基金，总资产超过17亿美元。[10] 我问甘剑平，什么样的公司才能成为他所说的“X因素”。

“你必须要成为行业领先者，因为在中国，竞争是非常激烈的。”甘剑平解释道。看看这三家公司：百度以搜索成名，阿里巴巴以电商起势，腾讯则在游戏和社交上打响名声。每家公司都有自己的专长和与众不同的基因。至于未来可能成为“X因素”的企业，甘剑平给出了他的两个答案：京东和小米。“它们都想成为那个‘X因素’，毕竟在市值上它们已经占据了很大的优势。但这还不够。它们必须创造属于自己的市场，而且建立一种互联服务的生态系统。”甘剑平说，“我认为，如果京东能在B2C（商对客）的电商模式上有所作为，它就能够建立这套生态系统，进而成为那个‘X因素’；至于小米，它也在非常努力地创建自己的市场和生态系统，它是世界上最具价值的企业之一。”竞争就这样开始了。

在甘剑平解释他的理论的时候，我却忍不住想到：尽管中国最知名的几家互联网公司的创办者都是在美国受过教育的中国经理人，但很讽刺的是，美国的互联网公司却在中国打不开局面。原因有以下几点。

“中国企业家的表现非常不同于西方从业者。他们对事物有不同的反应，也能挖掘出西方从业者所不能理解的市场需求。”波特对意大利记者欧金尼奥·考说，“中国技术公司的动作要比硅谷的同行们快得多——前者更敢于犯错误，然后转到新的方向上继续前行。”

此外，西方技术公司在中国失利还有更深层的原因。一位在中国和硅谷都参与过许多企业并购案例的投资家克日什托夫·沃昆（Krzysztof Werkun）曾对我说：“中国人骨子里就有企业家精神。”

克日什托夫在香港的华兴资本（China Renaissance Partners）工作。华兴资本是全球规模最大的独立精品投行之一，帮助中国企业在美国出售股份，也是京东首次公开募股15亿美元的包销商。克日什托夫经常会和中国企业家打交道，并认为那些外国企业派到中国创办公司的经理人们正在与这些世界上最杰出的企业家们竞争，后者最为人称道的就是具备“在石头里挤出水来——将不可能变为可能”的能力。“美国企业将先进且复杂的‘发达国家’的发展模式带到一个发展中国家来，却发现它们根本施展不开。从本质上说，这才是不成熟的表现。”他说。

“西方的技术企业想要在中国组建创业团队是非常难的。”克日什托夫解释道，“通常来说，当地经理人看到机会却不能利用它们，是因为他们受限于公司总部操控业务的方式。全球企业倾向于‘以不变应万变’的解决方式，但要想在中国取得成功，就必须针对中国本土情况制定策略。否则，这些经理人就会备受打击。最后，他们要不就被扫地出门，要不就选择加盟当地企业。”

根据波特的说法，西方科技企业的文化通常不适用于中国员工。“中国企业更注重团队精神，西方企业则更强调个人主义。”波特对一名记者说，“在阿里巴巴的时候，我经常会有一种和家人在一起的感觉。”

阿里巴巴在中国建立技术企业的文化方面扮演着里程碑式的角色。为了增进员工们的工作友谊，每年公司举行大型活动时，马云都会身穿搞笑的服装出席，包括扮成童话中的故事人物或摇滚巨星，等等。事实上，公司的名字“阿里巴巴”就是来自一个著名的童话故事。

阿里巴巴（杭州）

阿里巴巴是童话故事《阿里巴巴和四十大盗》中的主人公。这个故事是世界著名的民间故事，出自《一千零一夜》，讲的是一个贫穷的樵夫阿里巴巴偶然间念出“芝麻开门”的咒语，打开装满宝藏的密室并发现金银财宝的故事。

马云在给自己的新公司取名的时候，他想确保这个名字会被全世界熟知。一天上午，在旧金山的一家咖啡店里，他问服务生是否听过阿里巴巴的故事。

对方立刻回应道：“当然……是芝麻开门的故事。”[11] 他又走到街上，向 30 个来自世界不同地方的人问同样的问题，结果他们都听过这个故事：阿里巴巴和“芝麻开门”。此时马云知道，他找到了公司的名字。的确，阿里巴巴集团为中国新一波中小型企业打开了财富之门。

阿里巴巴是目前世界上最大的电子商务集团。2014 年，它旗下各个平台的交易总额达到 2 700 亿美元，而它在当年的营业收入高达 122.9 亿美元。同时，阿里巴巴平台还有超过 3.67 亿的活跃用户。[12]

淘宝和天猫是阿里巴巴集团营业收入的主要来源。在全球网站的访问量上，淘宝排名第九[13]，而它的收入主要来自 700 多万注册商家的广告费用。至于天猫，它在 2008 年上线，是一家基于品牌商的 B2C 电商平台，服务于诸如耐克、Gap（一个服装、饰品及个人护理产品的品牌）和李维斯（Levi’s）等大企业。这些品牌直接面向大众提供商品，它们需要向天猫支付保证金以及每笔交易的佣金。淘宝和天猫两个加在一起，占据了中国电商市场80%的份额。

2014年伊始，苹果公司决定开设自己的“天猫虚拟商店”，代表了对此平台重要性的认可。2014年2月，“天猫国际”正式上线。这是一个全新的线上交易平台，由于总部设在香港，也使得外国企业可以省去中国内地法律准入的程序而直接销售商品给国内消费者。

为了更好地了解阿里巴巴的平台对大众的吸引力，我分别与孔薇和朱芳芳聊了聊。朱芳芳在淘宝和天猫都开了小型女装店，她解释说：“从一个卖家的角度考虑，你会先从淘宝做起，但最后你还是想把店开在天猫，就是因为淘宝上的卖家相互竞争太恐怖了。天猫则更注重品牌价值，而且还关注卖家及其商品的真实性。”

朱芳芳提到，在过去几年里，许多人都放弃了自己原有的工作，去淘宝开店。由于卖家的入门门槛较低，淘宝上很容易出现假货。“如果一个顾客在天猫和淘宝上看到了同一款衣服，她一定会选择天猫上的衣服。”朱芳芳说道。所以在2009—2011年，淘宝建立了严格的产品质量控制管理制度，全面解决假货的问题。

孔薇则认为，淘宝上的商品琳琅满目，这有好处也有坏处。“你可以在淘宝上找到任何东西，但选择太多意味着购买要花很长的时间。此外，你还得查看卖家的信用评级和顾客的反馈，避免买到假货。”她觉得在天猫上购物更容易些：“你知道通常那里都会有一个品牌旗舰店，比如巴宝莉（Burberry）或苹果天猫旗舰店。信任可以省去不少时间。”

的确，缺乏信任会阻碍电商的发展。为了消除这个障碍，阿里巴巴在2004年上线了支付宝（Alipay）这个在线支付工具，相当于中国的贝宝（PayPal）。通过其独特和严密的在线支付系统，作为第三方的支付宝会审核卖家的要求。比如约翰想从史蒂文那里买东西，但支付前他想看看商品；而史蒂文却想收到钱后再发货。所以约翰可以直接将钱从银行账户转到支付宝里——如果约翰不满意那件商品并想要退货的话，支付宝就退还他的钱。至于卖家那边，支付宝在收到买家的钱后，会把钱放进托管账户里。这样卖家就可以放心：通过支付宝进行的交易值得信赖。

2008年，支付宝正式起势。那时候的马云，就像推出了音乐播放软件iTunes的史蒂夫·乔布斯一样，和几大银行坐在一起，商讨并通过了这样一个简便的支付系统。就如波特所说，“只有具备如此远见的企业家才能做成这样的事情”。

支付宝凭一己之力就将中国电商规模从线性增长突破到指数级增长。现在我们回到技术发展过程的概念上来看：早期的时候，线性增长和指数级增长看上去很相似，指数级增长并不是瞬间发生的；然而，一旦“X因素”介入，将会出现爆发性增长。这就是在支付宝身上发生的事情：2003—2008年，中国电商几乎就是呈线性增长；但自从支付宝参与进来后，这幅图表的增势就如火箭发射般迅猛。

现在的支付宝，除了是非常高效的在线支付系统外，还被阿里巴巴用作连接线上线下两个世界的工具。阿里巴巴在这两个世界里创造的每个连接，都有支付宝的功劳。

腾讯（深圳）

如果让人们列举世界上最大的几家技术公司，他们会告诉你，有谷歌、亚马逊和脸谱网。但有一个名字几乎不会被提及，尽管它和前面这几家公司在互联网世界中的分量不分伯仲，那就是腾讯。

腾讯着眼于社交网络服务，如即时通信（腾讯QQ）、门户网站（QQ.com，中国规模最大的门户网站之一）、电子商务、财付通（TenPay）和多人在线游戏等服务。[14]

作为目前世界上第四大互联网公司[15]（仅排在谷歌、亚马逊和eBay之后）、网站流量在世界排名第八[16]，腾讯已经在香港证券交易所挂牌上市，市值高达数千亿美元。其创始人马化腾，被认为是中国的马克·扎克伯格。他在2005—2006年进军网游产业，后来公司开始向其他平台发展。现在，中国已经成为全球第四大网游市场。

2014年5月，在北京召开的全球移动互联网大会上，腾讯的首席运营官任宇昕宣布了他们的宏伟计划："连接线上线下的世界。"此举证明腾讯已准备好，成为物联网世界举足轻重的参与者之一。

和阿里巴巴一样，腾讯也使用了一种工具将现实世界与虚拟世界连接起来，那就是微信，以及它的支付系统财付通。

微信于2011年发布，字面含义为"微小的信息"。它是一种集社交应用和媒体平台于一身的移动软件。孔薇就是利用这款软件叫来出租车并支付车费。这是腾讯的秘密武器。

微信是脸谱网和WhatsApp（一款社交应用程序）的结合体，有数亿用户在使用。除了即时通信功能，它还提供移动新闻阅读、公众号平台、电子商城以及移动钱包等功能。

截至2015年9月，微信的日登录用户人数已超过5.7亿。用微信进行视频和语音聊天的时长达到了每天2.8亿分钟，相当于大约540年！此外，微信用户平均每月的阅读量相当于一本小说。这些数字都太惊人了。[17]

根据里昂证券亚洲分部（Credit Lyonnais Securities Asia）的研究[18]显示，微信的这一系列创新式服务功能已经超越了美国的WhatsApp。微信和日本的一款通信应用程序“连我”（Line）几乎完全占据了亚洲移动通信市场，而且也威胁到美国制造的同类型软件在其他市场上所占的份额。[19]

微信的发展并不限于中国，而是迅速在全球蔓延。在其他国家，微信已经拥有超过一亿的用户。2013年，为了进入西班牙市场，微信不惜花费两亿美元做广告宣传，请巴塞罗那足球俱乐部的王牌球星里奥·梅西（Lionel Messi）为微信代言。

百度（北京）

百度是中国领先的中文搜索引擎网站。它的字面意思是“上百次”，取自中国宋朝词人辛弃疾的《青玉案·元夕》中的诗句:“众里寻他千百度”，表达其搜索之意。该公司占据了全球互联网中文搜索市场80%的份额。很显然，它的模式和谷歌很像，它通常被称为

"中国谷歌"，但这种类比很有误导性。

为了弄清百度成功的秘诀，我去北京和百度国际公关总监郭怡广见了一面。郭怡广在北京是个响当当的人物。他的父母都是中国人，在解放战争时期离开中国大陆，先去了台湾，后来又移民美国。他在美国不同的地方长大，接受的是西方教育。虽然定居美国，但他的父母仍主张回中国发展。所以在20世纪80年代初，父母带着郭怡广和他的兄弟姐妹一起回国。那时，他决定要花更多的时间好好学习中国的语言和文化。从1996年开始，郭怡广就在北京生活，先后当过技术特派员、记者和数字营销从业人员，最终在2010年进入百度工作。他是知名播客节目Sinica的创始人，邀请了许多中国知名的记者和观察家，就中国的政治时事进行开放自由的交流讨论。换句话说，如果你想了解在中国技术领域发生的事，找他准没错。

我和郭怡广的见面过程颇为有趣。我来到百度大厦，请前台小姐告知郭怡广我已经到了。她对我说这里没有人叫Kaiser（郭怡广的英文名）。我很清楚，如果我知道他的中文名字，那她就会很快帮我找到他；可每个人都叫他Kaiser，所以我决定向她解释Kaiser是谁。做记者之前，郭怡广曾是一支中国知名乐队的成员之一。我对那位前台小姐说，我要找的人曾经当过音乐人。她转过身，向她的同事低声讨论着，看我是不是在找一个长头发的摇滚歌手。我对她说："就是他！"她微笑着对我说："你要找的人，他的中文名叫作'郭怡广'。"

我在大厅里坐着，等郭怡广来接我。他立刻把我认了出来。在这样一座到处都是身穿牛仔裤和T恤的软件工程师的大厦里面，我猜我是唯一一个穿西装的人——显然我的律师经历仍影响着我的穿衣风格。我们上了电梯，直达第五层。我们来到一个房间坐下，他开始简略地向我讲述百度的过去、现在和未来。一如往常，原本30分钟的对话，当聊到电商世界的发展进程，就停不下来了。

“许多人把百度比作谷歌，但这种比较现在还合适吗？”采访伊始，我便这样问他。“我知道他们这么做的原因。有时候你需要解释一个你不了解的事物，那么打比方就成了一种通俗易懂的方法。”郭怡广说，“在过去，这两家公司确实有很多相似之处：它们在各自市场上都是主要的搜索引擎，也都是以工程师为主体的企业。比如在美国，如果你是一名杰出的工程师，那你会想去谷歌工作——在中国，你同样会选择去百度工作。但除此之外，现在两家公司的生产线是完全不同的，而且公司的业务、目标、文化等，也都不一样。所以在现在这个阶段，这样的类比反而模糊了二者的定义。”

在Alexa的网站流量排行榜上，百度排名第四。[20] 2005年，百度在纳斯达克上市。百度平台提供一个类似维基百科（Wikipedia）的公用百科平台，即“百度百科”以及“百度贴吧”论坛。[21] 百度的首席执行官李彦宏被称作中国的拉里·佩奇，他在美国做计算机工程师时，大家都叫他Robin Li。

郭怡广认为这种类比有误导性，是因为百度从2011年开始已经不再是单纯的桌面搜索引擎。中国互联网已经转移到移动客户端，所以百度要跟上趋势，并且最终成为领导者。对百度来说，未来不只是关于搜索——尽管这仍是百度的一个非常重要的领域——更是关于服务。虽然百度在搜索广告方面占有绝对的优势——在总价值约达242亿美元[22]的中国网络广告市场中，百度占到了1/3——但服务和零售业市场的发展规模更大。根据郭怡广的说法，“百度现在主要专注于通过搜索引擎在国内外同时发展O2O服务模式，把人和服务连接起来”。简而言之，“百度与谷歌的不同之处在于前者更注重中国本地的服务需求。”

“以前，我们看到人们上百度只是来查询信息，而现在越来越多的人开始寻求服务。所以我们要从前面那种传统模式中进化发展。一旦我们在移动搜索市场上占据主导地位，那么我们就很清楚地知道下一步要做什么，那就是‘O2O’的商业模式。”郭怡广说。

从2011年开始，百度已经从公司120亿美元的现金储备中拿出50亿美元投在了线下服务上面。[23]在过去两年内，百度已经做成十多笔投资项目，包括对创业企业“糯米控股”（即百度糯米）投资1.69亿美元。该企业是为人们提供餐饮、电影票和KTV（提供视唱空间的场所）等生活服务的一站式在线平台。百度官方称，未来三年将对糯米投资31亿美元。[24]此外，百度还创建了一个名叫“百度外卖”的线上平台，即雇用一些人骑电动车送外卖。最后，百度又投资了去哪儿网（Qunar），这是一家可在线预定航班机票和酒店的门户网站，于2013年在纳斯达克上市。

“在我们第一次调研市场规模的时候，我们发现这是一个潜力巨大的机会。仅在这三大领域——百度糯米、百度外卖和去哪儿网，我们预计它们就将带来10万亿人民币的市场规模。”

百度从“谷歌模式”转变成“服务平台”还有另外一个理由：中国互联网的某些特性也不同于美国互联网。据百度美国首席科学家、百度硅谷实验室负责人吴恩达所言，“在谷歌或必应（Bing）上搜索电影票时，它们都会弹出一个电影票务网站Fandango。但这种模式并不适用于中国，因为过去百度还不能将用户送去任何地方，即订票网站尚不存在。因此，百度首先要建立起这样的系统。如果百度想要某种类型的互联网来改善用户体验，那么它就需要创造出这种连接。中国互联网的生态系统尚未发育完全，所以对搜索引擎来说，压力会更大”。吴恩达说。[25] 因此，百度才如此大力发展线下服务。

在当今的移动世界时代，百度正在创造一个基于其搜索引擎的庞大生态系统，最终让10亿用户能够享受其服务。

2014年9月，百度与腾讯联手，共同在中国打造出一个“O2O”的电商平台。如此结盟代表着中国互联网市场上两极分化的局面：一边是阿里巴巴，另一边是百度和腾讯，基本上相当于“杭州对抗全中国”的架势。[26]

中国电商市场上还有几家公司也值得介绍，因为除了BAT“三巨头”之外，它们都是“X因素”的有力竞争者。

京东（北京）

阿里巴巴在电商市场上的主要竞争者就是京东。有趣的是，我是在意大利最著名的一家报纸《意大利晚邮报》（*Corriere Della Sera*）的一篇文章上读到了关于刘强东，这位年仅40岁的京东创始人和首席执行官的故事。如此看来，他在意大利也是非常出名的。

刘强东的童年过得非常艰苦，“我们每周只能吃一到两次米饭，吃肉更是一种奢望。但我在学校学习非常好，而且对科学很着迷。”凭借谦逊的个性和聪明的脑袋，他在大学期间完全自力更生，包括代人抄写信封地址。那时候，他每抄写一份信封就能赚三分钱，一个月最多能写6万份，也就是1 000—2 000元的收入，一个工厂里的工人每月的工资也才300元。刘强东用积攒下来的钱买了一部手机和一台电脑。他的第一笔投资是开餐馆，最后却赔得很惨；后来他开始卖盗版光盘；不久，他发现了互联网的好处：不仅可以卖光盘，而且还可以卖几乎所有的商品。[27]

京东是中国最大的自营电商平台，也是仅次于阿里巴巴的中国第二大电商平台[28]，用户多达6亿人；它的商业模式类似于亚马逊，具有完备的基础设施和移动终端等优势。京东建立了一套大规模仓储网络和一个配送团队，解决“最后一公里”的配送需求。京东在中国各大城市都有多个库房，同时还有成千上万的配送员工。2014年5月，京东在纳斯达克上市。

由于和阿里巴巴的主要对手腾讯建立了合作关系，京东在移动终端也极具实力：京东是微信默认的电商网站；腾讯也需要借助京东的实力扩充其服务项目，从而和阿里巴巴抗衡。正是由于这种合作关系，如今腾讯和京东走得越来越近。

小米（北京）

小米是中国目前最大的技术公司之一，也是世界上最具价值的一家新兴技术企业。[29] 其员工约有 7 000 人，市值三倍于联想集团——中国的IBM（国际商用机器公司）。小米不仅研发软件，同时还参与设计、研发和销售智能手机及消费类电子产品。自从 2011 年 8 月发布了第一款智能手机后，小米在中国的市场份额急剧膨胀，扩张速度令人难以置信。

小米利用线上销售的渠道，省去了 25%~30% 的分销成本，并将省下的成本用于研发更新款的智能手机。产品卖出去之后，小米会仔细听取用户的反馈意见，并对产品进行小的改动，这会贯穿产品的整个生产周期。

小米将自己定位为“一个立志于为低收入消费者服务的品牌”。它的市场定位并不直接与苹果产生竞争，因为它面向的是大众消费市场。尽管小米是一家硬件制造商，但它采用的软件、硬件结合的综合业务模式也使其成为一家“硅谷式”互联网公司。

2014 年 11 月，在雅加达举办的“亚洲创业展会”（Startup Asia）上，我遇到了小米全球业务副总裁雨果 · 巴拉（Hugo Barra）。身着黑色T恤衫、深色牛仔裤和亮橘色运动鞋的雨果向我介绍了关于小米商业模式的一些内容。雨果来自巴西，曾是谷歌旗下安卓系统的一个重量级人物。2013年，他离开谷歌加盟小米，并出任小米副总裁。据雨果说，"我的父母和我一半的朋友都认为我疯了，但最终事实证明我做了一个英明的决定"。加盟小米后，雨果就负责向10个亚洲国家出口小米产品，其中尤以印度市场为主。

雨果告诉我，小米并不单纯是一家硬件公司。"因为我们是软件开发者，所以我们会从不同角度来思考。我们把硬件看成是软件的运载工具。"因此，小米被认为是"X因素"的有力竞争者。小米的联合创始人林斌在接受《金融时报》采访时曾说："小米的主要竞争对手就是中国互联网上的这些'杀手级应用'，即腾讯的微信、阿里巴巴的淘宝和百度。"如果小米在2015年实现了既定的销售额目标，"小米的'用户'总数将大大缩短我们与这些国内顶级移动应用平台的距离"，林斌对《金融时报》说。[30]

小米之所以将它的手机价格定得如此"亲民"，是因为销售手机并不是小米的目标，而是达成目标的手段。"我们在硬件上的定价几乎等同于成本价，而在软件上也只略高于成本价。我们在软件上的收益，还需要一定时日，而不是靠销售手机的收入。你只需把它当成一个平台就好了。"雨果说，"一旦这个平台就绪，通过研发软件和应用程序，我们就会获益。"

企业的市值高并不足以让它成为那个"X因素"。正如甘剑平所说的那样，"要想成为那个'X因素'，你要创建属于自己的市场和生态系统”。所以小米才把手机价格定得如此之低。“作为一家软件开发公司，我们希望让小米的软件做更多的事，比如进入智能家居行业。”雨果说。

物联网就是甘剑平一直提到的那个“生态系统”，它能使小米成功转型，成为一家名副其实的“技术巨头”。“物联网不只是谈论硬件设备，还涉及软件方面。这就是小米正在做的，对用于创造未来智能家居的资源进行投资。”

最后，雨果补充说：“小米还是一家电商公司。如果你登录我们的官方网站www.mi.com，你就能看到，它就是一个完整的电商网站，有上千种单品（SKU），并且都带有我们的品牌标识；还有一小部分则是用于小米手机和其他硬件设备的适配产品。”

1号店（北京）

1号店，英文意思是第一商店，是一家向顾客提供食品杂货等商品的平台网站。该公司以其前卫的思维观念而著称。

1号店是一家虚拟超市，它在各种公共场所展示其虚拟货柜的商品照片。这样一来，上海和北京的居民在等公交的时候，就可以用手机扫描墙上的二维码来购买这些商品了。

“虚拟超市”的概念由1号店率先提出，现在这种O2O的商业模式正以暴风骤雨之势在中国发展开来。这确实很适用于一个像中国这样的发展中国家：早上，顾客们先在网上购买商品；等到晚上回家的时候，就可以在家门口拿到这些东西。这是零售业巨头沃尔玛的主意，它在2011年向1号店投入巨资，并在2015年7月末收购了这家公司。

“限时特卖”电商模式

“一辆价值320万元人民币（约合50万美元）的敞篷跑车已加入您的购物车中。您现在可以下单购买了。”

我第一次打开一家限时特卖的网站时，映入眼帘的就是这句话。

2014年6月，魅力惠（Mei.com）官方宣布与玛莎拉蒂合作，在官网上售卖玛莎拉蒂Gran Cabrio敞篷跑车Fendi的特别限量版。

这立刻引起了我的注意。我很好奇这样一家意大利顶级跑车品牌是怎样在网站上做销售的。在发达国家，奢侈品牌一般会出现在贵宾晚宴或类似高尔夫、帆船等顶级体育赛事上，而且购买一辆豪华跑车意味着你加入了一个俱乐部，里面的人都具备和你一样的远见和购买奢侈品的经验。

假设我有那样的财富，那我应该只要在网上点击一下，就能买到一辆顶级跑车。但拥有这笔财富还不够让自己成为“俱乐部”中的一员，因为我没有购买如此贵重东西的经验。那么这种高档独特性代表了什么呢？

为了更好地了解这种限时特卖模式在中国的运作，我对这个领域的两位专家进行了采访：一位是唯品会的国际业务发展总监米开朗基拉·阿格宁（Michelangela Agnolin），另一位是魅力惠的联合创始人和首席执行官韦奕博（Thibault Villet），其公司主营奢侈品销售业务。

2012 年在纽交所上市的唯品会，是中国限时特卖市场上举足轻重的一家企业。我去过它在上海的办公室——位于一栋大厦的 17 层，周边都是上海弄堂居民区，还有一个熙来攘往的农副产品市场。一位接待人员带我穿过一条走廊，旁边全都是中国员工，他们或是盯着电脑屏幕，或是大声地打电话。“这就是我们在上海的顾客服务运营模式。”米开朗基拉解释道。我们见面的时候，她似乎从我的眼中读到了疑惑。米开朗基拉看上去既年轻又富有激情，她带我来到走廊尽头她的办公室，然后开始向我谈起唯品会的经营之道。

唯品会的赢利之道在于，通过自家的网络渠道，在淡季销售其他品牌滞销的产品。每次限时特卖活动大概会持续 5 天，售出的产品数量也有限。对于品牌所有者来说，由于他们想要或希望将库存里过季的剩余产品及时清理出去，所以他们认为限时特卖是一种非常有效的解决方式；因此，这是对商家和运营特卖的网站的一种“双赢”模式。[31]

令我出乎意料的是，限时特卖的企业并不惧怕像阿里巴巴的天猫或淘宝这种大型的电商平台。“我们专注的是为用户提供一种很好的体验。”米开朗基拉解释道。

作为连接顾客与商家的中间人，各大电商平台通常不负责运送。有时买家会等上三天或更久的时间才能收到包裹。对西方国家来说，三天似乎还能接受，但在中国这意味着已经非常久了。“中国顾客不喜欢等待。当他们看到包裹送过来的时候，他们的眼睛会闪闪发光。所以我们要确保送货速度最快，而且最值得信赖。这改变了一切。”米开朗基拉说。

送货快并不是唯品会唯一的优势。“中国买家第一次购买外国品牌产品的时候，有时会觉得那些东西太过复杂。他们通常是出于好奇，只想看看摸摸，所以就买了，然后有些产品就被退回来。这会导致退货率更高。所以，为顾客提供全面的退货政策对打造良好的顾客基础非常关键。”米开朗基拉解释道。

这种“以顾客为重心”的策略让我想起Primo主厨薛哲君面对顾客时的耐心——免费为顾客换菜，直到他们满意为止。魅力惠也采用了同样的策略来赢得顾客的信任。

魅力惠是中国唯一一家在限时特卖模式上获得成功的非中国企业。其办公室坐落于上海外滩的一栋美丽的维多利亚式建筑，这里曾经是外国租界区。

中国通常被贴上“外网终结者”的标签——谷歌被迫撤出，脸谱网和Twitter（推特）也未能入华。但最近，“美国的互联网公司已经在中国发现了一种获取成功的方式，就是将数据和控制权交给中国政府。”乔什·霍维茨（Josh Horwitz）在Quartz（美国国家科学公司的网站）上发表的一篇文章中如是写道。[32] 然而魅力惠向众人证明了，即便是一家外国的互联网公司，只要定位准确并能恰当地融入中国的商业系统中，那它就能够在中国获得成功。政治与数据似乎与成功没有多大的关系。

2009 年，魅力惠在上海正式成立，创始人韦奕博是一个深谙奢侈品管理的亚洲企业家。2012 年，魅力惠从美国知名百货公司内曼 · 马库斯集团（Neiman Marcus Group）那里获得 2 800 万美元的首笔投资；2014 年，内曼集团出售了这些股份；与此同时，总部设于伦敦的资产管理公司天达银行（Investec）与香港珠宝大亨周大福集团共同出资 6 500 万美元买下魅力惠的股份（持股情况并未透露）；2015 年 7 月 8 日，阿里巴巴宣布对魅力惠投资一亿美元。

魅力惠的赢利之道在于，在淡季销售阿玛尼（Armani）、杰尼亚（Zegna）和迈克 · 科尔斯（Michael Kors）等顶级奢侈品牌滞销的产品。每次限时特卖活动大概也持续 5 天，售出的产品数量也很有限。2014 年，魅力惠的销售额超过 1.5 亿美元，有超过 2 400 个品牌入驻这个平台。

韦奕博坚信，中国的限时特卖模式不仅会用在价值较高的高端奢侈品身上，也会用在许多西方人都想不到能在网上找到的商品。从玛莎拉蒂到豪华游艇，几乎任何东西都能通过线上限时特卖的方式买到。[33]“人们喜欢方便，”他补充道，“现在，限时特卖模式还主要集中在奢侈品身上。”但韦奕博也预测，“在不久的将来，我们会看到有更多的奢侈品在中国进行线上销售”。

购买奢侈品，在中西方是截然不同的体验。无论商品有多贵，在中国，促销仍然是一种非常重要的销售渠道。通过这种促销方式采购奢侈品的中国消费者通常也是互联网和微信这样的移动应用的用户，而欧美的奢侈品消费者则鲜少网购。在限时特卖的平台上购买奢侈品正在中国成为主流，而且这些平台已经赢得顾客足够的信任——就如砖头和砂浆融合一样的坚固。因此，阿里巴巴对这个日益崛起的限时特卖市场表现出浓厚的兴趣，并且将赌注压在魅力惠身上，后者的品牌和顾客信誉有助于阿里巴巴旗下的“天猫商城”提高形象。天猫已经严肃承诺，会坚决杜绝假货的出现，并为顾客提供真实的购物体验。此外，这项合作也清楚地证明魅力惠的成功绝非偶然，而是基于其战略的成功执行。其战略基于以下三个基本方面，即找到进入中国市场的突破口，具备极强的专业技能，以及在当地组建一支强大的团队。无论是中国本土还是外国的互联网公司，如果想在中国获得一个大的平台，那么它们就应该将这些方面纳入考虑之中。

对于许多外国互联网公司来说，政策可能会对它们在试图进入中国市场的时候造成某种影响，但掌握一个完整而成功的商业模式才是先决条件，而且绝不该被低估——毕竟在商言商。

平台型电商模式与自营电商模式

目前，中国存在着两种电商模式：平台型电商模式，或称“阿里模式”；自营电商模式，或称“京东模式”。鼎食聚的创办者托因向我解释了这两种模式在购物时的区别。

“人们在网购的时候是非常情绪化的。”[34] 托因说，“人们希望自己被娱乐，所以他们就需要很棒的体验。以阿里巴巴C2C的电商平台淘宝为例，它上面的商品类别非常多，而且价格极具弹性，一般比其他网站上的便宜。由于国内消费者对价格敏感，合适的价格就已经为刚刚我说的那种体验开了个好头。”但在阿里巴巴的平台模式下，平台运营商不承担货物运输，所以就不会因延迟到货或者运送时货物受损而受责。这样一来，几乎所有的问题都围绕着入驻商家。“如果你要给一个淘宝卖家退货，一旦付了钱，那这可能就会变成一个很有挑战性的体验——你不知道这件商品多久会回到卖家那里，也不知道同种商品是否还有库存。”当问题出现时，这种购买体验就让买家没了兴致。

“自营模式的购物就是另一回事了。”托因说。自营的意思就是平台直接采购商品并出售，且负责商品的运输。“京东之所以能与阿里巴巴旗下的电商平台平起平坐，正是因为京东对平台上的商品负责且接受退货。这能保证购物体验的品质始终如一。”托因解释道。

那么，究竟哪种电商模式更占优势呢？

当前的数据显示，相比于自营模式电商，平台模式电商所占的市场份额更大。但必须一提的是，平台模式电商经历了更长一段时间的发展。我最近去了趟香港，在那里我采访了两位资深经理人，他们让我更好地了解到这两种模式的区别。

1 号店的首席执行官刘俊岭对我说，他也很难判定哪种模式会更占优。“这可是个大问题，我也没有答案。人们需要这两种模式，因为从用户体验的角度考虑，每个商家都无法面面俱到，也就是没法满足所有消费者的需求。”

数字天空科技公司（Digital Sky Technologies 或 DST Global）是一家全球风险投资集团，它将阿里巴巴和京东作为它在亚洲的投资组合。它的亚洲区负责人约翰·林德弗斯（John Lindfors）向我说起他对这两种模式的理解："看看这两种模式吧，所有网站的运营都是它们的结合。我并不认为其中一个模式最终会把另一个挤出市场。这个市场对它们来说已经足够大了。它们可能会在某些运营上重叠，致使它们相互竞争。"

根据刘俊岭和约翰的说法，最终这两种模式很可能不再两极分化，或许会融合成一种新型模式——虽然尚未被定义。[35] 但似乎很清楚的是，这两种模式之间的斗争将在物流和数据两方面展开。[36]

为确保送货与顾客预期相一致，如今的阿里巴巴也开始投向物流，宣布与银泰百货集团合作，在未来 5—8 年共同投资 480 亿美元建立一种新的运送网络，希望在中国 2 000 个城市内实现"24 小时送货"的目标。[37] 这种与现存的物流服务运营商的合作模式，在一开始就与京东创建的"物流网络设施"模式大相径庭。

大型自营电商也开始创建自己的市场平台，吸引各品牌商入驻，其中一个重要原因就是大数据。

淘宝和天猫的女装卖家朱芳芳向我描述了她作为一个小店店主用数据做事的体验。据她所说，现在京东也开始吸收品牌商入驻。这不仅吸引了更多的流量，也因此获得更多的数据。

通过对数据的收集和分析，商家的反应会越来越快，这会极大促进销售额的提高。"了解客户的需求使商家能够在几天时间内开发一条新生产线，以适应客户的品位。而对于需要很长时间才能得到客户反馈的实体店来说，绝不可能做到这点。”朱芳芳说。

这些平台正把自己搭建在买卖双方之间。它们在供应链上创建了一个新的连接。

过去，裁缝都是自己独立完成工作的，他们与顾客见面，测量他们身体的尺寸，然后设计、缝制和修整衣服。中国新电商平台的出现，为那些不进行生产却清楚知道客户需求的经销商们提供了媒介。

制造商和品牌商曾经非常了解它们的顾客想要什么，但现在这些平台和中间人成了专家，就像朱芳芳在平台上操作一样。它们是如何做到的呢？就是对越来越多的数据进行收集和分析之后的结果。

看来“阿里”和“京东”这两种模式需要互相融合，才能既保证用户体验的一致性，又能让产品更适于新兴消费者的“长尾”需求。中国的用户群细分日益复杂，为了让每一位顾客都能有独特的用户体验，数据分析变得越来越重要。

这又让我们回想起孔薇，以及她在建设电商网站的会议上从几位数字营销顾问们身上学到的东西。可以肯定的是，在不久的将来，整个中国电商市场将面临激烈的竞争。阿里巴巴、京东、1号店和其他大型互联网公司将逐渐整合各自的平台，以此提升自己在行业中的地位。所以对小型企业来说，要在国内市场上建立起各自的电商网站将会更难；而对初创企业来说，想要进入这个竞争如此激烈的市场几乎是不可能的。

EAST-COMMERCE

第四章

打破传统的互联网零售商

6 月的杭州，天气已经非常炎热了。一天早上，一辆白色保时捷卡宴 S 款轿车停在几个行人过道旁边。这里就是杭州著名的现代购物街区——西湖天地。

在这辆内饰淡棕色真皮的白色轿车里面，一个模特正摆着拍照的姿势。随后她打开驾驶座一边的车门，走下车来：只见她穿着一双白色凉鞋和一身绿色连衣裙，戴着一副飞行员眼镜和一个淡棕色的哈瓦那（Havana）帽子——这是为一家淘宝时尚品牌“婕西”（Greenlip）的夏季宣传活动而拍摄的宣传照。

杭州地处上海西南方，离上海将近 200 公里，是浙江省的省会，也是浙江最大的城市。作为中国的七大古都之一，杭州最著名的便是风景优美的“西湖”。在西湖的南岸，西湖天地这个休闲度假的旅游胜地拔地而起。在这里，人们能够近距离感受杭州这座城市的历史积淀和文化底蕴。

西湖天地与上海新天地由同一家企业集团开发建设。如同上海新天地之于上海一样，西湖天地也成了杭州的一个新地标。这里到处都是各大国际品牌的时装店，还有满足本地消费者各种口味的高端酒吧和餐馆，俨然一副自然与时尚融合的景象。

这里是开展时尚宣传活动的绝佳地方，尤其是自从杭州的年轻女士们开始喜欢“婕西”这个品牌之后。这是一家线上品牌，由朱芳芳创立，专门在淘宝和天猫两大电商平台上运营。

今年30岁的朱芳芳是一个很有经商头脑的网店店主，通过在两大平台进行线上营销，已经创造了一个小型商业帝国：2013年，她的两家网店营业额已经超过8 000万元人民币（约合1 300万美元）。

朱芳芳的故事向我们展示了中国新式互联网零售业主的特征。他们被称作“淘宝超级卖家”。目前，这样的网店在淘宝上多达几百万家。

朱芳芳出生于一个工人家庭，一家人住在离杭州东35公里远的一个小城镇里。高中毕业后，她就去了杭州念大学。

2003年，她刚满20岁，正在学校学习时装设计和搭配成衣的时候，就在淘宝上开了她人生中第一家网店。在这之前，她的室友刚开了一家类似的店，然后就把朱芳芳也带进这个市场平台。最初，朱芳芳并没对这个店太过上心，而是把精力更多地用在学习和做兼职模特的事情上；然而不久之后，朱芳芳决定要成为一个时装店店主，但她并不清楚该怎么做。那几年她一直都有听说淘宝的伟大事迹，所以她最后决定要认真地把店铺做起来。

由于对时尚的敏感嗅觉，朱芳芳来到杭州市中心的纺织品市场，并精挑细选了几件衣服，想要试水淘宝市场。她想在店里搞一个时尚宣传活动来吸引顾客，所以她借鉴了之前当模特的经验，自己搭了个简易的摄影棚；后来又雇了一名摄影师，选好地点，甚至自己出镜当服装模特；最后她把照片发到网店里，等待买家的光顾。

朱芳芳发现，她所采购的服装很快就有了需求。通过经验的积累，她很清楚造型和展示的重要性，它们甚至能够把最简单的T恤变成吸引大众眼球的时髦物件。她意识到现在已经能够用自己的所学来开启一项新的业务。

顾客的需求很快使得朱芳芳应接不暇：她很频繁地到服装市场采购更多的衣服，但当地批发市场的规模已经不足以满足客户的需求。这时，她脑海中闪现出一个极具突破性的想法。

她决定打造自己的服装生产线，并创建自己的品牌。她可以借鉴像斯特拉·麦卡特尼等西方品牌的设计模式，不过要稍作调整来适应她的顾客。这些顾客都非常有品位，他们对名牌服饰爱不释手，但朱芳芳要确保她的衣服更平价，这样才能吸引这些走在潮流尖端的年轻顾客们经常光顾她的店铺。那时候她还没有足够的资金开一家实体店，所以她索性在现有的这家淘宝店铺上售卖这些衣服。

不久，朱芳芳就在网上找到了一个店主，后者愿意帮她打开知名度，并把她的网店与淘宝上的其他店家区别开。他们很快就成了商业伙伴，并且共同在淘宝上创建了“婕西”这个品牌。

在发布这一品牌之前，朱芳芳和她的伙伴必须要解决一个主要的问题：产品的生产。幸运的是，他们发现这比预想的要简单，因为杭州是世界上服装制造业最出名的地方之一。他们可以立刻联系到一家服装供应商，并以最具竞争力的价格谈成这笔交易。

他们在杭州的一个工业区开设了一家实体店，后来这成为他们的总部。然后，他们选出一些值得信赖的供应商，请他们分别生产鞋、包和衣服。

随后朱芳芳围绕着这一系列产品开展推广活动。她采用的模特、拍照的场景，都是按照其目标市场的喜好来选择，即国内的年轻女性消费者。

婕西刚上线就获得非常大的成功，以至朱芳芳一开始就忙得焦头烂额：在实体店开张的头两个月，朱芳芳几乎很少离开她在二楼的办公桌。她一天要派人出去买两次饭，这样她就可以继续在电脑前工作。此外，她每天早上还要 6 点起来，然后一直工作到第二天凌晨三点，周而复始。

到 2009 年，淘宝已经发展成中国最大和最成功的电商平台，它上面的卖家数量也呈现出指数级增长；与此同时，店铺之间的竞争也越来越激烈，而且当时的成功卖家所采用的营业模式都是相互抄袭得来的。因此，朱芳芳的优势逐渐消失，婕西的营业额也开始下降。

朱芳芳需要让更多人光顾她的网店。她开始注意到，在她每月发布时装系列的时候，人们来店里访问的次数最多；一旦那股新鲜感消失之后，顾客就会转去看别家店铺。因此，与供应商协调好时间后，她决定每周定期发布多款时装系列，这就意味着她每周都要盘点库存的衣服。后来她发现，她采用的这种运营模式很像利丰集团、Zara和H&M等多家全球快速时尚品牌的经营模式。

最初这个策略进展得不错，但竞争者们再一次后来居上，并复制了朱芳芳这种运营模式，让她不得不再次陷入沉思，寻求新方法。

短期的解决方案，就是分别在淘宝和天猫上开设多家店铺，将不同的产品分销出去。但她也知道，为了确保营业额的长期增长，她得找到一个新的细分市场机会。

通过顾客的反馈和朋友的建议，她了解到孕妇群体在时尚服装方面的选择非常少。因此，朱芳芳利用她穿衣搭配和设计的专业技能，开辟出一条新的生产线，即潮流孕妇服饰系列。这带来了另一波高额效益的浪潮：到2013年，她的网店营业额实现创纪录的新高。

朱芳芳最终找到了新的细分市场。

赋权至个人

在我坐火车回上海的途中，我把对朱芳芳的采访笔记重新看了一遍。我不断问自己一个问题：她是怎么做到的？

多年来，我一直在向外国企业提供咨询服务，帮助它们在最大程度上与中国的本土制造商建立和维持互惠互利的合作关系。我曾见证了中国本土的成功企业家们为创建自己的企业、购买机械化设备、培训员工和从零开始慢慢建立销售渠道所做出的牺牲。

我只是搞不懂，像朱芳芳这样的年轻人居然在“2.0版”的中国没有用投资、买地等做生意的常规手法就获得了如此大的成功。看起来，我在过去 10 年中学到的东西突然不再适用了。我正在见证一个新的世界，尽管还是搞不懂它的运作模式。

几天后，我终于在一次采访中找到了答案。采访对象是一个做珠宝生意的网店店主。她不想在这本书中用真名出现，但愿意和我分享她的故事。所以在书中我称她为王洁（Wang Jie，音译）。

王洁来自上海，最初在一家跨国公司的数字营销部门工作。工作伊始，她更多地把重心放在网络杂志和博客上，后来才转向了社交网络。几年后，她的一位外国客户想开一家网店，并向王洁提供了这个“天猫网店店主”的工作。后来她成功地把这家店做了起来，还组建了营销团队。公司想请她再开一家新店，但王洁拒绝了。她决定开一家自己的网店，而且领域完全不同于以前——珠宝业。

苏州位于上海的西边，离上海大约 100 公里远。它以运河、生产丝绸和珠宝著称，被誉为“东方威尼斯”。

王洁注意到，珠宝市场的供应链一般由三大主体组成：生产商、设计商和分销商。他们分工明确，而且每个主体所花费的成本最后都会反映在珠宝的价格上。

同时她也看到，珠宝的分销方式依然非常传统，就是批发商将珠宝卖给实体店；另外，珠宝的设计样式也不符合年青一代买家的品位。王洁从中看到了机会，并采用了和朱芳芳相同的方式进击珠宝市场。

受到珠宝杂志的启发，她以参考杂志上的珠宝样式来设计项链和手镯为业务的开始。随后，她选出合适的珠宝生产商。最后，她启动了自己的品牌。

由于过去有营销背景，王洁很清楚产品分销的运作方式。首先她在微博上注册了账号，向有品位的客户介绍珠宝知识并引导他们到她的淘宝店。

王洁很快意识到，尽管淘宝是一个很好的销售平台，但无法有效地接触到她的目标客户群。她的产品要迎合更懂行情的顾客，但她还不具备在天猫开店的实力——对她这个新创立的品牌来说，在天猫开店要求太高了。这时，她想到利用限时特卖网站销售珠宝的方法。

限时特卖网站面向的客户群与淘宝不同。这些网站主要推销的是具体的商品和品牌，服务的客户群也以像孔薇这样年轻又懂行情的顾客为主，而且限时销售一般持续5—7天。在限时特卖网站上，像王洁这样的品牌商就能够直达目标客户群。这种营销方式使王洁成为一个非常成功的网店店主。

听完朱芳芳和王洁的故事，我不禁产生了疑问：她们是否担心工厂取代她们，在淘宝上创建自己的网店，毕竟生产商拥有生产的实力，还有雄厚的资金做保障，更重要的是，它们也会设计。

出乎我意料的是，她们两人的回答都是："一点也不担心。""代工厂擅长生产，"王洁对我说，"它们不具备品牌推广和分销的基因，更重要的是，它们不懂得如何与最终客户打交道。大多数厂商连如何开网店都不知道，更不用提社交网络和发起限时特卖活动了。"

朱芳芳和王洁没有这种顾虑，是因为她们与厂商之间并不是竞争关系。更进一步说，她们甚至取代了工厂分销商的工作。凭借成百上千的顾客群，淘宝卖家们可以直接从厂商得到货源并直接销售给客户。这不仅缩短了供应链，更省去了厂商对分销商的需求。

从杭州回来后，我突然找到了之前一直在问自己的关于“她们是如何做到的？”这个问题的答案。

受益于互联网和电商平台，像朱芳芳和王洁一样，人们能够参与到由工厂、工人以及其他实体设施所构建的生态系统中，并成功创建自己的企业。电商平台赋予了人们在厂商和顾客之间开辟市场的能力，以前所未有的方式实现自己的创业梦想。

通过为人们创造创业的机会，电商平台也在逐渐培养一种新型经济增长模式，即“自下而上”的增长模式。现在每个人都有机会对国家经济带来重大影响，因为进入市场的门槛降低了，而且基础设施也已经到位，很容易操作。朱芳芳、王洁等几百万个“淘宝超级卖家”就是活生生的例子。中国的创业势头终于得以开启。

不过这有利也有弊。利的一面是，现在每个勤奋又有抱负的人都可以在资源有限的情况下开设网店；弊端则在于这种较低的入市门槛会引起激烈残酷的竞争，最终导致一大批网店倒闭。

经营淘宝店改变了朱芳芳的生活。若没有电商，她可能没有机会开创自己的事业。

电商不仅促进了中国经济的增长，也为中国带来了一种社会变革，即把中国传统的“赋权至群众”变成“赋权至个人”。对一个以共产主义和社会主义价值观为核心的国家来说，这种变革的意义非常重大。

在互联网还没进入中国之前，外界对中国人的看法还只停留在他们所属集体的广义概念上面，即中国社会是建立在家庭、群体、城镇、地区和共产党的领导的基础之上，即便是私人工厂，也属于工业区这个群体的一部分。现在，互联网正在改变这个绝对化的概念，并且赋予个人权利，让他们在中国经济发展方面发挥更大的作用。

从“自上而下”到“自下而上”

8 月的一个周四晚上，我和孔薇夫妇在上海的一家酒吧碰面聊天。这里曾经是上海的古旧民居，就像新天地的石库门民宅。最近这里被重新装修了一番，成为餐馆、花店和酒吧的聚集地。

我们见面的地方是一家新开的澳大利亚红酒吧。红酒在中国越来越受欢迎，这也使得红酒吧如雨后春笋般在中国的各大城市，尤其是南方盛行起来。现在，法国、意大利、西班牙、澳大利亚和南美洲红酒都可以在绝大多数红酒商店和网上买到。

我们坐在外面，要了一瓶梅洛红葡萄酒。晚上的天气很舒服，甚至在市中心这样的地方，我们还能听到蟋蟀的叫声。

孔薇告诉我，她过得还不错，对公司的电商网站所取得的进展以及新的应用也都非常满意。不过她最近很忙，因为她的祖父从台湾过来看她。

她告诉我，她的祖父是一名工程师，曾在南京经营过一家工厂。我请她多讲一些关于她祖父那个时代中国的情况，但令我惊讶的是，她所讲述的故事在我听来非常的熟悉。孔薇的丈夫在一旁微笑着，显然这个故事他已经听过很多遍了。

孔薇的祖父曾在中国经营过一家生产卡车的国有企业。最初这个工厂主营的是水泵生产，但到20世纪50年代，政府决定要创建汽车工业，便于国民去中国各地。和许多企业一样，她祖父的工厂也成了一家卡车制造商。

我问孔薇，当时工厂的工人、技师和设备是否满足生产卡车的条件，她大声回答道："当然不！"那个时候，她祖父所面临的最大困难就是要让工厂实现转型：现有的设备并不是用来生产卡车的，而现有的工人和技术人员也从未接受过组装卡车的培训。但当时大势所趋的意愿就是要制造卡车，这是他们要完成的唯一目标。

最终他们下定决心，将当时拥有的设备进行改装，并建造了新的机器，以更好地满足他们生产卡车的需要。那些工人和工程师想出一种办法，把两台机器接在一起用，这样就能制造卡车的底盘；然后，他们建造了一个试用版的卡车引擎，但最初它只能跑几千英里[①]远。

这些工人和工程师做了无数的调整和改变，最后他们终于制造

① 1英里≈1.609千米。——编者注

出一个更加可靠的卡车引擎。自此，工厂就开始围绕这些新引擎，大批量生产卡车。这种引擎也很快受到全国工厂的采纳和使用。

孔薇祖父的故事让我意识到：在中国，尽管许多事物仍然维持不变，但有些东西确实发生了变化。

互联网和电商在中国出现的场景类似于20世纪50年代卡车制造业在中国出现的场景。中国懂得要利用互联网取得进步，但对如何操作却不了解。中国的技术人员并不像西方和日本的互联网研发人员那样成熟。通过研究谷歌、亚马逊和eBay等美国企业，并且试验过无数次模型之后，中国人才最终创造出世界上规模最大的几家互联网公司。

然而，当前中国正在发生的变革，与20世纪50年代的性质完全不同。那时候，中国政府将创建汽车工业作为国家“五年计划”的一部分，即在中国生产更多的车辆，帮助完善国内的运输系统。这一命令的下达来自政府首脑，所以国有企业首当其冲，要创建这个新工业。换句话说，这种发展模式是“自上而下”的。

现在则不同。中国电商最重要的特征之一，就是创新是由私营企业或个人发起，而不再由政府组织管理。换句话说，这是一种“自下而上”的发展模式，即互联网和电商赋予创业者权利，让他们成为当前国家经济进步和改革的推动者。

目前，中国政府会针对市场的发展走向和正确的改革方式制定非常清晰明确的指导方针，但它不会再过多干预其中。这就是中国的“市场经济”。这种模式意味着解决问题的方式不再集中化，而是许多人都有不同的解决方法，后来加以整合，最终变成市场领导者。

通过将增长的焦点从“自上而下”转移到“自下而上”，事实上中国电商已经变成一种可持续的增长模式。它不只改变了城市生活，还推动了农村和三四线城市等发展中地区的发展。

例如淘宝，它在促进中国农村经济发展方面的重要性已经逐渐显露出来。现在许多村庄都在淘宝上售卖当地的手工艺品或本地产品，因此这些村庄被称为“淘宝村”。

据阿里巴巴在上市招股说明书中所示，每个“淘宝村”至少有10%的当地居民参与线上零售，这种现象正在中国快速延伸发展；此外，目前中国已经有20个“淘宝村”，仅在2014年每个村庄每年就能创造至少1 000万人民币（约合160万美元）的收益。

对很多农村居民来说，开设一个淘宝商店就意味着他们可以享受在家工作的自由，而无须去离家很远的工地或工厂找工作。对一个每年都会有数百万个“流动工人”找工作的国家来说，这能给他们的生活带来真正意义上的改变。

广东省南部的一个村庄把这种理念做了进一步升华：建立了一所“淘宝大学”，专门教人如何做线上营销。

2014年6月，《经济学人》发表了一篇文章，内容是关于军埔村和当地政府通过为居民提供一系列服务来支持淘宝卖家，如免费的无线网络、税收减免和“为有库存需求的村民提供免费仓储的非正式计划”等。[1]

这个村庄曾以技术含量较低的食品加工业为主。“现在，在这个由3 000个村民组成的紧凑而密集的村庄里，其中半数以上的村民都靠着淘宝赚钱过日子。”文章如是说。这条新闻不仅在中国家喻户晓，而且还传到了非洲，甚至在2014年春，非洲的一个“网络零售团队”还专门来到军埔村做调研，并且参加了当地“淘宝大学”举办的为期三周的课程。

这项进步不仅代表任何地方的人都能获取产品，更重要的是，与在各地已经实施的传统基础建设对人们的帮助相比，人们能够更快地享受到服务。

事实上，中国对基础设施的缺乏反而成为它最大的机会。为了发展壮大，中国的互联网巨头创造了一个完整的线上基础设施，用以支持各类电商交易。这种结构很像一个生态系统，由线上支付、智能物流和消费者服务应用等组成；这样的生态系统比物理基础设施更快地渗透到中国市场。

2014年“光棍节”过后，《金融时报》刊登了一篇对阿里巴巴执行副总裁蔡崇信的采访报道。他在采访中说，尽管目前中国农村只有9%的人在网上买东西，但这远远少于城市里30%的网购者，他们已经成为阿里巴巴的首要发展对象。“当看到中国农村市场上的机会时，我们感到非常兴奋。”蔡崇信如是说。[2]

电商在中国已经非常高效，以至现在人们都会在“线下”采用这种模式。中国的互联网巨头正试图改变金融服务和医疗健康等过去由政府主导的领域。他们通过一些改革措施，将这些领域融入中国现有的商业体系中。这些改革起到的最显著的效果之一，就是它们将会在中国的偏远地区显现出来。

银行和金融领域就是一个例子。移动支付系统不仅打破了传统金融模式，更改变了发达城市以外地区的居民的生活。

数字金融可能比银行普及得更快。下面我们就来看看这对农村地区发展的作用——只用一部手机就实现了金融服务和保险业务。

2013 年，阿里巴巴发布了其互惠基金平台余额宝，这立刻引起国内各大银行的注意。随着上海银行间同业拆借利率指数走低，人们将大量存款放入余额宝中，这是因为后者的存款利率更高。

数字金融和移动支付并不只出现在中国。谷歌和苹果公司都分别发布了其线上支付系统：谷歌钱包（Google Wallet）和苹果支付（Apple Pay）。然而只有在中国，移动金融正在把传统金融系统远远甩在身后。

金融机构在美国已经运行了数百年，而中国的传统金融体系也一直落后于西方。但是由于互联网和移动技术的广泛使用，中国三四线城市中的人们现在可以受益于互惠基金、保险和金融产品等服务，这些都是他们以前无法享用的。

一键连接消费者与供应商

为了解电商给中国市场带来的更多改革和进步，我采访了 1 号店的联合创始人和首席执行官刘峻岭。

1 号店是一家 B2C（商对客）电商平台，主营业务是向顾客提供食品杂货等商品。目前，零售业巨头沃尔玛已经对1号店进行全资控股。

在1号店拥有的众多特征中，我认为到目前为止，有两点对中国影响最大：一是只要上网点击一下，人人都能买到国内和国外的食品；二是它在生产商和消费者中间建立了一条沟通渠道，现在，买家们可以对他们想吃的东西一目了然。

鉴于中国严峻的食品安全状况，1号店能够取得如此成就是非常了不起的。刘峻岭和我分享了他们这个革命性想法的诞生过程。

卸任戴尔公司副总裁一职后，刘峻岭就和他的商业伙伴、戴尔全球采购副总裁于刚在2008年共同创立了1号店。进入市场以后，它迅速成为中国线上食品采购领域的“1号店”。

“我们很早就有创立1号店的想法。当我还在戴尔工作时，每个月我都会坐飞机去一趟新加坡。这给了我很多思考的时间。这个想法就是在那个时候产生的。从那以后，我就辗转难眠，那时我和我的伙伴还不知道我们即将进入怎样的境况中。”刘峻岭笑着说道，“我们对时机的把握还是很正确的，但在我们2008年创立1号店的时候，当时的大环境对我们很不利，因为整个金融界都遭到了重创，没人知道那场危机最后会变得多么严重，我们也不知道自己能否获得投资。后来我们成功了，而且突然间大家排着队给我们发支票。那时我们已经不那么急切需要资金了。那段时间我们过得很艰难，但我们还是渡过了这个难关。”

“对我们来说，从零开始创建一个线上食品平台很有挑战性，但其中最美妙的部分就是，我很享受自己由跨国公司高管到企业家身份的转变。这种美妙是无与伦比的。”他说。

谦逊，是我对刘峻岭印象最深的地方。现在，1 号店已经成为中国最成功的电商平台之一。但当我们谈到公司的起步阶段时，刘峻岭的经历完美诠释了中国的一句谚语：“谦虚使人进步，骄傲使人落后。”“在转变身份的过程中，我也看到自己身上的一些局限性。”他回忆道，“比如，我不知道该怎么订机票，还得学着在上海坐地铁，这是我从来没做过的事；我也不知道去哪儿招募员工，还要学着为我们的公司做广告宣传和写软件代码。”

“起初我们以为自己知道的很多，但顾客并没有按照我们设想的方式回应我们。比如，我们到处派发传单，是因为我们觉得这才是顾客想要的，可结果证明我们错了。我们必须要尽快认识到自己的优缺点。”

和所有刚成立的公司一样，1 号店在成立之初面临的最大挑战就是吸引顾客。“我们整整花了一年时间才获得顾客的广泛认可。刚开始我们只有 20 个订单，还是来自公司内部的员工；一年之后，这一数字达到了 1 000 个。”刘峻岭说，“我们一直都在想办法解决一个问题：我们该如何让顾客认识 1 号店，并且了解我们的业务呢？”

他们需要找到一种便宜的方式为公司做宣传。“没钱的时候，你必须谨慎选择宣传的渠道或方式，比如口碑传播等等。”刘峻岭解释道。努力最终换来了回报：公司成立一年后，仅在一天就收获了 1 000 个订单。“这对我们来说是非常重要的里程碑，所以我们举办了一场盛大的庆祝活动。”刘峻岭说，“我们花了 1 000 个订单才将这种运营模式在每个方面都做到了完美。在此之前，我们对这种运营模式的局限性根本一无所知，自然也不清楚整个运营流程，包括供货、存货、挑货、用户体验和自身的运营系统。也就是说，我们不知道危机会从哪里出现。”

的确，1 号店为中国带来了一些与众不同的特质，并且真正改变了人们的生活。多亏了像 1 号店这样的电商平台，中国各个阶层的人在网上就能买到来自全国各地的大多数产品。鉴于中国从没有过像沃尔玛和好市多这样在美国创造的全国连锁商场，中国电商却用一种更经济的方式实现了与美国零售企业相同的效果。

现在，本地产品已经不再是中国人购物的唯一需求。中国的线上平台正以极具竞争力的价格向国内消费者推销各类进口包装食品。“过去，中国贸易以出口导向型为主；而现在，政府想通过增加进口的比重实现贸易平衡。”刘峻岭说，“看看我们的进口食品，其种类数量要比本地食品增长得还要快。这就给我们传达了一个信息：中国人对外国的东西非常好奇。我们发现，国内消费者想试试一些新玩意儿，那么对我们来说，我们要尽可能地满足顾客，让他们上网就能够‘周游世界’，享用地中海、美国、澳大利亚、东南亚等地的美食。我们会进口这些产品，并把它们送到顾客手中，以便顾客足不出户就能享用它们。”

经过了多次食品安全性问题后，这些线上平台也成为消费者购买进口包装食品的另一种渠道。这能确保消费者更全面地挑选食品。

我来到1号店，想看看这里有哪些进口食品可以购买。当你登录1号店的账户时，网站首先会询问你的定位地点。我试过录入不同的城市，发现同种产品在其中大多数城市都会以相似的价格出售。这在2008年以前的中国几乎是不可能发生的。

现在想想，2012年以前，我很难在中国买到价格合适、质量又高的进口产品。所以回到意大利的时候，我会把橄榄油和意大利香醋这些东西装满我的行李箱。然而，在仅仅两年之后的中国，不仅能够在网上买到这些东西，而且那些住在较为落后地区的人也能够买到和北上广等发达地区一样优质的橄榄油和意大利香醋，而且价格也相差无几。

1号店不仅用自营模式出售产品，它还开放平台给卖家入驻，从而让第三方卖家向有需求的1号店顾客出售其产品。例如，云南的一家咖啡生产商现在能够将它的咖啡销往国内几乎任何一个城市，而且还不用建立实体店或通过批发商销售。

这对农民和消费者双方都产生了巨大的影响。“电商正帮助农民更好地售卖产品。这才刚刚开始。”刘峻岭说，“打个比方，一件农副产品从农民手中到家乐福的货架上，这中间要经过很多道手续。在我看来，这种供应链又冗长又浪费。等到产品摆上货架的时候，一个10元钱的产品可能就涨到15元了。我们正在让农民与消费者直接联系，这是一种双赢的策略。”

“你看我们的电商平台，我们已经有供应商去农田里直接采摘蔬菜，就是为了更好地服务那些刚刚下单的顾客们。这样的蔬菜应该是最新鲜的了。以后我们还能利用这个平台，为顾客提供实时的信息，包括产品的原产地、可信度以及对产品质量进行把关的负责人。我们能够直接向顾客展示产品的生产流程以及出产地或农场，顾客甚至可以直接讲出他们想要哪棵苹果树。如此一来，不仅带来了无数种可能性，还会创造出真正的价值。”刘峻岭解释道。

根据摩根士丹利的一份报告显示：“平台型电商能够为客户提供的产品品类日益增加，包括新鲜食品等……这种模式尤其适用于大规模采购季节性产品，如水果和海鲜……平台可以在产品生产或成熟前就对产品进行线上线下推广并接受订单。”[3]

通过在消费者和生产者之间建立渠道，线上平台就可以预估消费者的需求，从而优化生产。

这种模式的优势不只体现在经济层面。它缩短了农民和顾客之间纷繁复杂的手续周期，从而让二者直接产生联系，农民甚至能够借此创建自己的品牌。这就是“自下而上”的增长模式所带来的好处。

“多亏了互联网和电商，生产商和最终用户之间的关系正在经历一场巨大的变革。”刘峻岭说，“现在，农民们可以这么说：‘亲爱的顾客，我是一个外国的蔬菜生产商。我想让您成为我的忠实顾客。我会向您推荐这个产品，因为它是专门为您种植的。’但在过去，农民根本不知道他们的顾客是谁。我在这里面看到了巨大的价值。”

对朱芳芳、王洁和刘峻岭的采访结束之后，我意识到，对于发达国家来说，电商可能就是用来“穿新鞋走老路”；而对中国这样的发展中国家来说，它则是用来“穿新鞋走新路”。所以，中国电商不只是一种商业模式，还是一种促进经济增长的新模式。

EAST-COMMERCE

第五章

高度连接的世界

全球移动互联网大会在代表着全球经济蓬勃发展的四大城市——北京、旧金山、班加罗尔和东京轮流举行。每年这个时候，来自世界各地的数万名经理人、企业家和投资者会在此相聚三天，相互建立合作关系。我们现在的购物、交流和娱乐等方式就是在这些合作关系的基础上建立起来的。

来到北京，穿过2008年北京奥运会的标志性建筑鸟巢体育馆，就是奥运村的所在地。这些人类未来的建筑师们就在这里汇聚一堂。他们热衷于探求最新的应用、线上游戏和智能手机，在国家会议中心的各大会议厅和周围的街道上都有他们的身影。

5月的北京，天空晴朗，阳光灿烂，空气新鲜，那些灰尘和污染似乎都消失不见了；每个角落都飘扬着五颜六色的旗帜，更增添了大会的创新氛围，仿佛创新就弥漫在空气中，触手可得一样。

北京召开的全球移动互联网大会是亚洲目前最大的移动终端大会。在会议中心二层的一间屋子里，腾讯首席执行官马化腾正在向大家阐述腾讯在用户之间创建联系的成功之道；下一步，他们就将其他所有的事物都连到互联网上，也就是所谓的“物联网”。隔壁是会议中心最大的房间之一，里面数百名年轻的中国企业家正在参加一个名叫“创新创业大赛”（G-Startup）的活动。全球 20 家新兴企业在努力展现自己的项目，供专家小组评判。最后的赢家将获得投资，还能得到成功创业者和投资者的指导和帮助。

会议中心的讲台勉强能容纳所有的参赛者，其中就有倪宝然。他正在向评审组和观众介绍自己设计的这款用于O2O模式的应用软件——卡都。当他整理思路的时候，他站在窗户旁，双眼望着远处的鸟巢体育馆。

鸟巢体育馆是由瑞士建筑公司赫尔佐格与德梅隆建筑事务所（Herzog & de Meuron）结合中国的传统和现代文化所设计，既有中国传统的陶瓷元素，又有现代的钢梁嵌在整座体育馆内，整体展现出一个“鸟巢”的模样。

倪宝然一直盯着鸟巢的复杂构造，这让他想起小时候从父亲那里学到的建筑知识。正是这些知识，才让他能够经历一切并有机会来到全球移动互联网大会。

倪宝然出生在伊朗，母亲有波斯血统，父亲则是俄罗斯后裔。在很小的时候，他就接触到创业和商业。他的父亲曾做过银行主管，后来辞职创业，建立了自己的公司，主要经营建材买卖和建房业务。倪宝然拥有机械工程和通信系统管理的双学位，但他对国际贸易始终有着很浓厚的兴趣。毕业后，他搬到迪拜，帮助父亲管理整个中东的生意和俄罗斯与加拿大之间的业务往来。因此，他来到多伦多，任职于加拿大国际贸易部，帮助外来投资企业寻找在加拿大的投资机会。

到了多伦多之后，倪宝然对信息技术的兴趣变得更加浓厚。他修习了IBM在产品及项目管理方面的课程，还学会了研发基于网络的产品。当时是2004年，谷歌和苹果等基于网络而成立的公司刚开始进入规模化发展，脸谱网也才刚刚诞生。

每个月倪宝然都会冲向报摊，购买最新一期的《商业2.0》（*Business 2.0*）。每一期杂志他都会认真学习，还会钻研这个不断进步的技术产业的来龙去脉。这本杂志所覆盖的内容包括从20世纪90年代末技术出现爆炸式发展，后来趋势渐缓，再到21世纪初网站的作用仅仅是展示一些信息；然后是脸谱网的崛起，让人们通过网络相互联系，进而迎来应用程序的出现。

《商业2.0》在1998年的创刊号中介绍了"新时代经济发展的十大驱动性原则"，其中的三项原则——空间、市场和冲劲对倪宝然影响很大。这本杂志还预测，买卖双方之间的距离将会很快消失；买方会获得权利，卖方则会得到新的机遇；最终，每件产品将会在几乎任何地方出现。这就为倪宝然后来创造卡都奠定了基础。

2007年，苹果发布了第一代iPhone。倪宝然率先意识到，技术行业已经发生了变化。他立刻发现，手机将成为接触大众和提供资讯方面最理想的设备，远远好过个人电脑。

通过一位朋友的引荐，倪宝然成为一名网络产品经理，负责研发包括加拿大首家网络电视（IPTV）服务在内的产品。2010年，他来到韩国和中国寻找这种交互式网络电视机顶盒（或解码器）的生产商。正是通过这次旅行，他深深地爱上了中国。

倪宝然曾经在《硅谷龙》（*Silicon Dragon*）等著作，以及西方其他的出版物和博客中读到过中国早期的技术成就，但通过这次旅行，他看到中国技术要比他当初了解的更具活力。他开始定期造访中国，还在一次旅行中碰到一家总部设在芬兰的跨境电商公司的高管。

这家公司想要打开中国的电商市场，正在积极寻找应征者。2011年年底，倪宝然表达了想和它合作的意愿，并希望在北京成立办事处。几个月后，倪宝然登上了芬兰航空AY31航班的飞机，准备飞往赫尔辛基向这家公司的董事会陈述自己的计划。会议进行得很顺利，之后倪宝然就回到多伦多，委婉地递交了辞职申请，然后收拾行李飞往北京。

然而好景不长。在倪宝然正要成为一名企业家的时候，这股兴奋之情就突然被浇灭了。当时外国企业在中国成立办事处的成本要比几年前高出许多，所以他的芬兰合作者放弃了向中国投入大量资源的想法，并最终取消了在北京开设办事处的计划。

到2012年春，倪宝然仍独自一人在北京，没有工作，也不确定下一步该怎么走。在中国技术工业高速发展的情况下，他很想成为一名企业家，但不知道如何才能在中国建立和经营一家公司。他热爱挑战，但这也是一块难啃的骨头：深处中国这样一个大国，他正面临语言障碍的难关——那时候没有几个中国人会讲英语，甚至是在技术企业中的中国人。

过去几年倪宝然总是在德黑兰、迪拜、多伦多等世界各地奔波，这让他明白“入乡随俗”的道理。为了能在中国生活，他知道自己要熟悉中国的语言和文化。所以 40 岁的他突然回到教室，开始学习基础中文。

学会中文对他进一步了解中国文化，建立关系网是非常重要的。他甚至为自己取了这个中文名字——倪宝然。他时常会想起大学老师的话：“无论你去哪里，关系网就是一切，它会贯穿你的一生。”所以他慢慢建立起关系网，并且学着观察它。

不久，他开始注意到身边发生的事。他的朋友和同学都非常依赖手机，睡前会盯着手机看，睡醒后的第一件事也是看手机；他们还会上网购物，不仅给自己买东西，还互相送礼物。这给倪宝然创建卡都带来了灵感。

2012 年 4 月，倪宝然将他的设计理念说给 30 个人听。他想创造一款应用软件，让各个零售商和品牌为消费者提供电子礼券。这会促使人们去实体店买商品，从而增加销售额。

换句话说，他想把数字和现实世界连接起来。

他在 iPad 上创建了一个产品模型，并到处演示产品以寻找合伙人。后来他和一个天使投资人取得了联系。经过三个月的讨论，他们最终携手建立起这家公司。

到 2012 年年末，倪宝然和他的合作伙伴已经取得了一定的成绩。他们在北京租了一间办公室，不仅注册了公司，雇用了员工，并完成了应用程序的测试版本。随后花了 10 个月正式推出产品，正好赶在国庆节前。在全球移动互联网大会召开的前几天，他们刚刚把这款应用升级到最新版。现在，他的合伙人正在台下骄傲地等待着倪宝然正式发布这个消息。

当中国政府正式宣布将鸟巢体育馆投入使用的时候，他们确信这座场馆会成为承载中国人的巨轮。如今倪宝然也在向大众传达同样的信息：他的这款应用就是连接线上线下两个世界的那艘“巨轮”。

破除壁垒

我参加了2014年在北京召开的那场全球移动互联网大会。了解了中国的移动互联网产业及其13亿用户的市场——数量比巴西人口的6倍还多。[1]如果我在2013年写这本书，智能手机或许会占一定的分量，但绝不会是核心的部分。在我这代人的成长过程中，陪伴我们上网的是台式电脑和笔记本电脑；然而如今对13多亿的中国人来说，手机就是他们上网的主要工具。2013年，中国智能手机的活跃用户数量从3.8亿猛增至7亿；[2]但仅在一年之后，中国人就将个人电脑搁置一旁，而直接用智能手机上网。目前，几乎有90%的中国人使用智能手机上网。[3]

突然间，这个世界变得不同了。

2013年，我在奇点大学学习的时候，有关智能设备的变化一直是讨论的焦点。我们从理论上推测：2033年，个人电脑将会消失。

移动游戏巨头Zynga首席执行官马克·平卡斯（Mark Pincus）说道，“目前大多数用户都已经转移到移动设备上了”。

“当应用程序在移动终端得到广泛使用时，智能设备就会产生巨大的影响。”主管华兴资本技术投资业务的银行家克日什托夫对我说，“研发者的想法是仍用桌面形式承载这些移动服务，还要调整网页的尺寸，让它适用于更小的屏幕；网站也将以应用程序的形式出现。尽管这些应用发展迅速，但移动终端创造的收入依然很少——它还没有完全发挥出潜力。”

参加完北京这场全球移动互联网大会之后，我才意识到智能设备会对哪些方面产生影响，而且规模覆盖到整个中国，这也将是前所未有的。与倪宝然在“创新创业大赛”聊完以后，我知道：如今展现在我眼前的，是一个全新的世界。

“中国即将变成一个高度连接的世界。”倪宝然预测道，“在中国，手机已经将数字世界和现实世界连在一起，合为一体。这是正在发生的事，因为数字化发展得更快。它正在让现实世界变得更加美好。”倪宝然称这个世界为“实体数字化世界”（phygital world）。

倪宝然和他研发的应用卡都正在充分利用这个全新的“实体数字化世界”。透过这个应用，我们可以看到这个连接的世界会是什么样子。为了吸引顾客，在线商店用电子礼券搞促销活动。卡都将这些礼券送给顾客，吸引他们光顾实体店。顾客可以用礼券选购商品或者购买更贵的打折商品。因而这种礼券就成了商家做推销的一个助推器，同时也提高了线下的销售额。对零售商和消费者来说，这就是双赢的结果。

“中国消费者的购物方式很独特。”倪宝然解释道，“新一代消费者要求零售商提供一种更集中化的体验，能够把他们的数字世界和现实世界连接起来。他们想要在一个没有界限的环境中购物，而且能够随时随地接触到各种产品。手机要优于笔记本，是因为手机可以根据用户所在的位置推送附近相关的信息。”这样一来，这两个世界之间的壁垒就得以破除了。[4]

中国的服务业就是通过移动终端的屏幕看世界的最佳例证。“这个才是智能手机发挥最大作用的地方。”倪宝然告诉我。服务已经变得社交化、本地化和移动化，也即“SO-LO-MO”模式。

有许多应用推动着O2O电商模式的发展，而卡都就是其中的一种。倪宝然对这种O2O模式的运作原理进行了解读：“你走在路上，手里握着手机。你周围的环境代表着现实世界，手机屏幕则代表着数字世界。所以手机就成为连接这两个世界的拉链。”

O2O模式正在蓬勃发展，尤其在中国。由于中国经济保持稳定的增长，国内年轻消费者的可支配收入和对消费的自信心都在日益增强。他们愿意把钱花在能够改善他们生活方式的各种事物上，而且只需要在当地即可享受。当零售商和餐馆正在为如何吸引客户到店犯愁时，手机就成为解决这一问题的办法，正如卡都展示的那样。“这种趋势已经发展起来，而且会变成一种新的生活方式。”倪宝然预测道。

“从现在起10年内，我们将生活在这样的城市里：人们和周围大多数事物能够高度连接，甚至达到‘如影随形’的效果。所有事物都将‘网络化’。人们将弃用台式机和笔记本电脑，而是把手机当作微型电脑来使用。”倪宝然说，“我所做的一切事情都是借由手机完成的。尽管它屏幕很小，但我还是能用它搞定几乎所有的事情。”

“我真正需要的就是互联网。这就够了。我在回家的路上订了饭，到家的时候饭也已经送到了。不久之后，联网的冰箱将会帮我下订单或者发信息通知我需要购买牛奶了。”

“物联网”即将出现，而且很快会融入许多人的生活当中。倪宝然坚称：“如果应用程序是基于我们的生活和联网的设备而提供附加价值和服务，那么它们将成为‘杀手级应用’。”像卡都这样的应用将会改变我们使用服务的方式。正如倪宝然在“创新创业大赛”上开始演说之前，腾讯创始人马化腾对旁边一群人所说的那样，“未来世界中，所有事物都将无缝连接”。

* * *

孔薇整理了一下办公桌上的笔记，目光透过大大的玻璃窗远望上海这座城市。一股清风袭来，驱散了空气中的雾霾，让上海这座外地人口达 2 000 万的城市变得通透而清新。

孔薇很享受去上海的环球金融中心和她的数字营销代理商开会。这座建筑是上海最高的建筑之一，远远看上去就像个开瓶器。

今天的会议信息量很大，而且某种程度上还很令人担忧。除了建立公司网站之外，孔薇的团队还在开发一款新的应用，但她也才刚知道，这款应用并没有充分利用移动终端的各种优势。

为了向孔薇展示O2O模式的具体应用，这家代理商给她展示了他们刚刚为另外一家客户——1号店研发的一款服务。1号店的产品和二维码已经在一些地铁站里的广告牌上贴了出来。人们只需拿出智能手机扫一下上面的二维码，就可以边等地铁边购物了。

目前，孔薇的公司还没有制定出一个关于O2O的策略，电商部门的办公室甚至与其他部门在不同办公楼。她意识到，如果线上线下两个团队没有进行协同的话，这会引起很多问题。所以她很清楚，等回办公室之后要给这两个团队提个醒。会议结束后，孔薇坐了两个电梯才来到大厅。她终于出来了。这时候她开始计划晚上的事情。她记得父母要和她吃个饭，而且她还答应他们要亲自下厨。

回办公室的路上，孔薇还有时间去逛逛超市，但她不想拎着袋子。当然，她还可以上网买，但今天她想试试别的办法。

最近她的助理王望告诉她，1号店这个线上食品杂货平台刚刚开启了一项绝佳服务：他们的3D虚拟商店已经上线，并且覆盖了上海的各大商业区。

孔薇拿出手机打开1号店，开始搜索它在附近的网店。一个显眼的箭头指引着她来到几百米以外的公园入口处。如果只用肉眼看，她看到的只是一片草坪；用手机看的时候，这片草坪就变成一个货物储备充足的3D虚拟超市，看上去就像一款视频游戏。

孔薇在这些囤积着食物和饮料的数字货架上闲逛着。她看到上面有几箱依云矿泉水和一瓶产自阿根廷的马尔贝克（Malbec）红酒，超市正在搞促销优惠，在这家虚拟超市里，到处都有折扣券，正好她也想让父母尝尝这类红酒。

买完东西后，她看了看自己的虚拟购物篮，然后下单并选择送达时间：晚上 7 点钟，这个时间刚好适合做晚饭。

“当国内的传统商店开始提供线上购物服务时，1 号店反其道而行之，创造了这种全新的服务。”1 号店首席执行官刘俊岭解释道，“我们要传达的信息就是，电商企业也可以开实体店。从技术层面上讲，通过全球定位系统（GPS），你只需几秒钟就可以开设一家店铺。”

面对互联网这种快速发展的趋势，实体店是否抵挡得住这股气势如虹的力量呢？为此，我采访了一名消费市场和技术领域的专家埃丽卡 · 沃昆（Erica Poon Werkun）。她任职于瑞银证券亚洲有限公司香港代表处，主要负责消费者和互联网的研究工作。关于 O2O 模式，她知之甚详。“实体店不会完全消失。人们仍然需要接触产品，然后‘开箱验货’。这是购物文化的一部分。”她解释道。

埃丽卡预测，零售业将出现一种巨大的企业整合现象——会有店铺“一举成名”，也有店铺最终倒闭。中国的 O2O 模式将成为一种新的购物方式，但它仍需要解决价格层面的问题。

“线上与线下的价格匹配是一项很难实现的任务，但这注定会发生。”埃丽卡解释道，“首先，由于市场高度透明，电商间的商品价格将趋于相同；其次，线下商店会尽量将价格向线上靠拢，尽管这非常不容易；最后，我们会看到线下产品的价格也会趋于统一。这些都是互联网使市场透明化的结果。”

可以肯定的是，中国O2O模式的发展趋势似乎能持续下去。对一个商业化程度仍不发达的国家来说，零售实体店的增长正在被O2O模式所超越，而且二者之间的差距注定会越拉越大。

互联网巨头的生态系统

尽管O2O模式已经成为一种全球性现象，而凭借这样的发展势头，中国又一次创造出适于本国的独特模式。“这很有趣，因为‘O2O’这个概念最早来自美国，但却没能在美国发展起来，反而在中国落地生根。”百度国际公关总监郭怡广说，“以前我在接受记者采访时会用到O2O这个术语。他们当中有一些人就称这种说法很好地定义了数字世界和现实世界的连接，说明这个术语并没在美国真正使用过。”

美国的传统大卖场通过“点击即取”的方式引领了线上线下结合的商业模式，中国则是由互联网巨头BAT们以完全不同的方式开拓线上线下互联。郭怡广认为：“2014年和2015年这两年见证了我们在O2O模式上取得的巨大发展。我们在国内建立的这种创新型模式，就是我们正在打造的互联网系统与人们在世界其他地方看到的互联网系统之间最大的不同。现在没有人会说中国还在抄袭别国的模式。我们创造的模式从根本上就有别于其他。我们正在见证一种宏观的改变，也就是经济增长模式由‘以消费为基准’转变为‘以服务为导向’，而O2O就是实现这种‘再平衡’过程中的一个重要部分。这实在是太棒了。”

中国的O2O模式与众不同，是因为这取决于它的发展环境。中国并不像美国的沃尔玛、英国的特易购或法国的家乐福等零售企业一样具有庞大的产业链，足以撑起它们各自的电商平台。在中国，小型线下零售商需要互联网公司的消费者群体和技术基础设施作支撑才能够扩大规模。

“我们就以酒店为例。”郭怡广说，“人们去美国旅行时，多数会选择全国性或区域性的连锁酒店，比如豪生酒店、假日酒店、戴斯酒店等等。这些集团在美国有一大批后勤工作人员帮它们在全国做宣传推广和管理线上预订服务。但中国的酒店行业却并非如此，都是比较碎片化的管理。尽管国内有一些酒店是连锁的，但大多数酒店还是家族式企业或小公司，它们甚至没有自己的网站。而且对它们来说，做线上推广是很不划算的，例如百度推广。它们需要有人为它们整合资源并提供基础设施。这同样适用于餐馆：它们没有数量那么庞大的后勤工作人员能够帮它们做这做那。因此，正是由于中国网络基础设施的落后，O2O才会以这种形式在中国发展起来。”

中国零售业发展落后的现状为互联网公司以及像卡都这样的应用提供了一个非常难得的机遇。

“中国又一次成功地把弱势变成机遇。”技术投资银行家克日什托夫对我说，“就线下效率低这方面来说，中国比美国更严重。所以，中国互联网公司的效益更大。”

像阿里巴巴这样的互联网公司是如何避免像中国的实体店一样遭遇阻碍的呢？它们就是通过建立独有的网络基础设施、电商生态系统实现的，包括物流和全国性支付系统的建设。

由于缺乏统一的制度，中国企业凭借它们对运输系统的控制权，经常从中获利，这致使国内运输成本极其高昂，而且多数传统零售商的业务范围也仅限于它们各自的所在地。[5] 网购的崛起使零售商打破了这些界限，而且更容易接触到消费者群体。

由此，卡都应运而生。在研究网购行业时，倪宝然意识到，除非你亲自送货或派快递员送货，否则没有更简单的方式。由于中国的城市大而拥挤，他就想到，可以在手机上创建一款虚拟送货服务的应用。这就是所谓的“入乡随俗”。

另一方面则是支付手段。阿里巴巴的支付宝和腾讯的财付通两大平台向消费者提供了一种更安全的支付方式，便于他们从陌生人手上买东西。因此，它们很快取代了信用卡和储蓄卡在中国消费者心中的位置，一跃成为消费者更偏爱的支付方式。

很快，互联网公司建立的这种基础设施就成为比线下那些基础设施更好的替代品。这进一步强化了数字和现实两个世界的联系，也是中国互联网公司在O2O模式上居于领导地位的关键因素。

这种电商基础设施并不仅限于物流和支付手段，它的规模已经扩展到各个商业领域，包括金融、医疗健康，甚至交通系统。

诸如腾讯旗下的滴滴打车、阿里巴巴旗下的快的打车和百度投资的优步等打车软件都是最好的例证。[6] 自从这些服务应用发布之后，人们在高峰期就不必招手打车；司机也不需要再寻找路边扬手的乘客，而是通过手机接单。如此一来，叫出租车就显得更方便、更便宜。此外，乘客们会得到折扣；而司机则会得到补贴奖励。这就是O2O模式下的一个高度连接的世界。

2015年2月，滴滴打车与快的打车宣布进行战略合并，即“滴滴快的”。它是世界上最大的基于智能手机的交通服务应用之一，市值高达88亿美元。[7] 为了更好地了解这款出租车应用软件的发展情况，我对快的打车创始人和首席执行官，现在是“滴滴快的”的联合首席执行官吕传伟①进行了采访。吕传伟出生于阿里巴巴的诞生地杭州，在20世纪90年代中期去了美国得克萨斯州攻读计算机科学硕士和工商管理硕士（MBA）的双学位。毕业后他首先做起了编程人员，之后在一家软件开发公司任产品经理，经常往返于达拉斯和硅谷两地。

2004年，吕传伟回到中国，当时国内机会众多，正是他大展宏图的时候。2006年，他在上海成立了第一家公司。这是一家基于短信服务的社交网络软件公司，类似于美国一家基于地理位置的社交网络软件供应商Dodgeball——它可以确定你朋友的大概位置，然后告诉你。这个公司的运营情况并不理想，因为那时候智能手机还没出现。“当时的手机还都是‘功能手机’，所以公司的用户体验非常糟糕。”吕传伟说。正因为如此，他才有机会了解移动互联网世界。当

① 吕传伟已于2015年12月离开“滴滴出行”。——译者注

iPhone在2007年诞生的时候，和倪宝然意识到的一样，吕传伟知道他终于找到这个能够实现自己新想法的媒介工具。

吕传伟觉察到，中国人出门的时候，在某些时段打车是非常困难的事，比如出租车司机在晚上交班的时候。“那时候在杭州坐上一辆出租车就像中彩票一样，可遇不可求。”他说，“所以我想寻找一种方式解决这个问题。”2012年，他组建了一支小的创业团队，并在他的家乡杭州创办了这家公司。“我真没想到公司能发展到这么大的规模，因为那时候我们只是想解决问题。”吕传伟说。

创业初期总是很艰辛。“自然地，我们先从杭州主要的出租车公司开始沟通，然而它们却没有把我们当回事。这些公司都是国有企业，它们不会真的去和年轻的创业者们交流。”

然后，吕传伟将注意力转移到在英国伦敦广受好评的一款打车软件Hailo身上。“从这款应用身上，我看到了一些在中国也能用的东西。”他说。吕传伟对Hailo采用的模式进行了深入研究，最后发现自己之前接触的对象是错误的，要想获得成功，他得和出租车司机直接对话。

“我们并不是想模仿Hailo，而是我们发现它的这种模式非常适用于中国市场。”吕传伟解释道，“所以我们建立起自己的运营团队，并开始和出租车司机合作。他们很聪明，知道这会有益于他们接生意，尤其是当他们接不到客人的时候。”

在滴滴打车和快的打车合并以前，我问吕传伟，中国为什么只有三款常见的打车软件，即滴滴打车、快的打车和优步。“到2013

年，中国有10—12款打车软件，但只有几个存活了下来。你需要一支非常强大的团队，还得有雄厚的财力支撑。而这些最终存活下来的团队才是真正非常适合这个市场的。”他解释道。滴滴打车和快的打车最终决定合并，是因为彼此之间史无前例的“烧钱比赛”以及向出租车公司支付的补贴不能一直这样下去。因此，现在你会看到出租车司机面前一般都摆着两到三部手机，里面分别装有不同的打车软件。这样一来，他们就可以选择接哪个手机的订单。正如吕传伟所说，出租车司机在接单方面已经变得更加独立。这证明了互联网已经对如中国这样的规范化管制产生了颠覆性的影响。

打车软件是电商平台利用不同的O2O策略吸引顾客的另一个例子。腾讯和阿里巴巴认为，人们在用微信或进行网购时会更愿意接触各类服务；百度则认为人们在寻找方向时会选择叫出租车，所以后者将这种随叫随到的打车服务整合到它们的地图服务里面，这为优步在中国带来约5亿用户。

“百度、阿里巴巴和腾讯这三大互联网巨头分别采用不同的策略吸引顾客光顾它们各自创建的生态系统。”百度投资者关系总监莎朗·吴（Sharon Ng）如是说。我们在北京会面的时候，莎朗认真地向我解释百度是如何吸引流量的。“所有的互联网公司都在O2O模式上看到了巨大的潜力，所以每家公司都在想办法参与到这个模式中来，但它们参与和投资的程度是有很大差别的，因此人们利用百度、腾讯和阿里巴巴探索O2O模式的出发点自然也非常不同。比如为了进行搜索或使用地图，他们会打开百度应用，进入百度平台。用户的持续登录使用让我们了解到他们在搜索的内容，而对于用户需求的了解则成了百度的优势。想象一下，如果换作是你，能够不断给人们提供找寻东西的最快路径，那么他们一定还会回来接着用。所以广告商和经销商也想出现在平台上。当有人告诉你他们想找的东西是什么，而且正在你需要的时候它就出现了，还有比这更厉害的么？”

听完莎朗向我讲述中国这几大互联网巨头给人们提供的不同体验之后，我不禁想到，如今正在中国各大平台之间发生的这场“战役”就好像脸谱网对抗PayPal和谷歌地图一样。每当阿里巴巴和腾讯在各自的生态系统上（比如金融服务领域）添加一种新型O2O功能，它们就会复制彼此的策略。比如阿里巴巴基于支付宝而推出的余额宝就是如此。余额宝已成为目前世界上最大的货币市场基金之一。当人们使用支付宝购买或转账的时候，他们就可以直接将这些所得投到这个生息账户上。

鉴于其规模巨大，传统银行也开始关注余额宝，还认为它扰乱了金融秩序，因为它具有高回报、无手续费和最低限额等特点。后来，腾讯和百度也开始向大众提供这种货币市场的存款账户。

当前互联网公司抓住的为金融、旅游、医疗健康等领域创建独特的生态系统的这个机遇，就是中国市场经济不成熟而导致的直接结果。目前，中国正处于互联网高速发展的过渡时期，所以传统的西方企业想要扎根中国，时机尚不成熟。

用马云的话说，尽管美国消费者“把电商当点心”，但由于中国传统的商业基础架构太差，“电商在中国就成了主菜”。

如今，中国技术企业的这些O2O模式似乎正准备渗入各行各业中。由于智能设备的出现，整个产业链将移至线上运营。

技术改变商业

中国互联网公司营造出的这种高度连接的世界以及互相之间的激烈竞争，很可能导致O2O的下一次变革将在中国发生。

用于线下世界的各种线上支付系统就是中国比西方国家领先的例证之一。中国各大互联网公司都在创建各自的线上支付系统，由此引发了竞争；而竞争的最终结果就是创造出一种为十几亿人所用的更好更高效的超级应用。西方国家的系统面向的客户群体相对较小，与其相比，中国的全新系统则显得先进许多。这就是由“进化”至“革命”的又一例证。

“我们已经经历了‘非现金支付’的时代，而现在我们即将进入‘无卡式支付’的时代，即利用同种工具同时进行线上线下支付的这种无缝衔接的体验将会很快发生。”卡都创始人倪宝然这样解释道。他去北京的一家“冰雪皇后”（Dairy Queen）冰激凌店消费的时候，用微信里面的支付系统财付通完成了支付。信用卡和现金支付的方式终将被线上支付方式所取代，因为实体店和消费者将直接进行线上连接。

这些新型线上支付平台向众人展示了这种O2O模式是如何让互联网公司成功进军曾经完全由线下的实体公司统治的各个行业中的。

这些早已存在的行业必须进行自我改革，否则就会遭到淘汰。所以，中国才出现大规模创新的现象。

“我会用支付宝或财付通付车费。”倪宝然对我说，“我一直在用这些应用软件。一些出租车内甚至会提供无线网络，便于我用手机支付。尽管这在中国各大城市中已屡见不鲜，但它在北美或欧洲的许多城市中并不常见，尽管那里网购也很流行，但仍达不到中国的这种程度。”

从根本上说，中国的这些技术习惯源于自身文化。正如倪宝然所言：“例如在中国，人们使用电子邮件的频率远不及QQ和微信高，甚至在进行商业交流时也是如此。同样的情况也发生在线上支付系统和使用信用卡上——中国人更偏爱前者。”

目前，各类新型支付系统还在中国市场不断涌现，不仅有国内的企业，更有国外企业的加入：2014年9月，苹果公司发布了“苹果支付”这款应用程序。但它能否与在中国广受欢迎的各种移动支付系统一较高下，仍需时间检验。

中国的各大支付系统和O2O系统很可能在基础设施欠缺的国家迅速发展起来，因为在这样的条件下，技术的发展空间很大，这就能够推动线下市场的发展。

二维码则是中国的创新在零售行业获得成功的又一例证。尽管二维码在10年前诞生于日本，但它很快就在中国流行起来。摩根士丹利在2014年的报告[8]中给出了如下预测：二维码将会“使中国转变为一个‘多触点’的市场环境”，并让人们能够自由购物，不受物理条件的限制。这不同于Beacon（信标）这种基于蓝牙的应用平台。西方零售商主要借由移动设备上的信标来与消费者互动。孔薇过去常用二维码在1号店的虚拟超市里购物时享受折扣。根据报告内容所示，这项技术将“创造一整条零售价值链，即从数据分析、可追踪性、产品展示到深入参与和价值转化”。

从配角到主角

互联网公司从简单的电商市场平台做起，如今已经将触角伸到商业领域的各个方面。它们完善了现有的服务，还创造了新的服务，并将服务推广到以前对此完全陌生的地区。

在零售业，这些新式平台正在使线下超市和连锁店可以与来自全国的买家直接对接；在金融业，这些平台则在创造货币市场基金和零售产品，确保人们在全国范围内都能使用，省了去银行的麻烦；在医疗健康方面，它们又将医院和医生与住在农村和偏远地区的病人对接起来。

通过将自己定位成“对接平台”，它们已经成为线上线下两个世界中不可或缺的一部分，如同守护着两个世界的大门一样。事实上，中国的技术公司已经由单纯的两个世界的连接者变为O2O世界的领导者。换句话说，它们完成了从“配角”到“主角”的转变。

有趣的是，我们可以看到中国与美国在这方面的差异。在美国，虽然零售连锁店、医院和银行已经转移到互联网上，并且建立了专属的平台，但它们几乎不会和技术公司合作，最多只是后台服务搭建商而已。然而对十几亿中国人来说，电商及其服务就是“商业本身”，就是如此简单纯粹。

这对中国来说意味着什么呢？它会为互联网行业带来巨大的机遇，尤其体现在管理和完善各种服务上。由于每种服务都带有用户数据，管理这种系统就意味着为线下世界提供数据，以此改变后者一直无法收集数据的状况。

倪宝然在创造卡都的时候就知道，这两个世界的连接还会带来一个重要优势，即客户分析。没有一家线下零售商像他这样，能够又快又实惠地收集到每位来店光顾的买家的信息，而且非常细致，涉及面也非常广。

受益于移动技术的发展，现在卡都和其他O2O应用都能够提供重要信息和服务。纵观各个行业，这种信息就像一个精密复杂的导航工具。曾经只有大型品牌企业才有实力得到关于顾客的信息，如今每个实体店都可以对这些数据进行访问。

百度的两位高管郭怡广和莎朗又给我举了一个关于O2O公司用数据做事的例子。“我们的‘百度外卖’能够将餐食在一个小时内送到顾客手上。但如果顾客希望送餐送得更快一些，同时送餐员还有很多个不同的派送地址，那么技术就派上用场了。”郭怡广说，“这时候，如何优化地图和送餐路线，在这项服务中就显得非常重要了。想想看，送餐的人通常会骑一辆电动车，电池的电量要撑过一整天。在这一天里，他要骑行80公里，送出20份餐。多亏了数据的帮助，我们有希望实现‘一天送出30份餐’的目标。有了物流和技术的参与，事情就变得完全不同了。”“数据和算法能够让我们超越自我，并不断完善我们的服务和业绩。”莎朗如是说。

很显然，这说明中国的线上世界将逐渐掌握对线下世界所需信息的控制权，而智能设备也将完全融入人们的日常生活中，成为必不可少的工具，甚至买小到三美元的面条或啤酒你都会用到它。

EAST-COMMERCE

第六章

一切关乎社交

一辆深灰色的宾利飞驰（Flying Spur）款轿车正在由香港经福田–落马洲口岸驶入中国内地。康敬伟坐在后座上，透过车窗眺望远方。他回想起自己多年前第一次来深圳的情形。虽然那趟旅程最终让他获得成功，但当初经历的种种远比不上这趟来香港的旅程轻松惬意。

从口岸到南山区办公室的这半小时车程里，康敬伟用微信和他的儿子聊天。由于每周要在深圳待上三四天，他想确保自己和身在香港的儿子能时常联系。在康敬伟还是学生的时候，身处外地的他和家人的联系远不如现在这般便利。技术大大改变了人们的生活，而康敬伟也很欣慰自己身处于这个时代。

现在的康敬伟事业有成，家庭幸福，但过去的生活却并非总是这样一帆风顺。他来自重庆，出生于一个工薪阶层的家庭，成长于 20 世纪 80 年代，那时的中国还是个经济发展滞后的国家。

尽管康敬伟一家都非常谦逊，但父母也告诉他要身怀壮志。他的父母是美国梦的拥护者：崇尚美国的自由主义精神，找到一份伟大的工作，拥有自己的房子，以及实现向上层社会的流动。父母教导他，只要努力工作，就能获得成功。他的父亲建议他去西方游学，学习了解当地的文化。这是康敬伟在人生中收获的最为重要的建议之一。

1987年，康敬伟准备填报大学志愿，这时父亲鼓励他选择一个能让他开阔眼界、机会也多的城市求学。所以康敬伟选择了离家1 500公里的广州。广州离香港很近，1984年开始吸纳海外投资，并允许外国企业在此设立工厂和办事处。对康敬伟一家来说，代表中国未来的就是这些深受外国影响的沿海地区。

20世纪80年代末，广州仍是个死气沉沉的城市：建筑物还是苏联风格，大街上鲜有车辆，居民区的中央地带还建有污染严重的工厂。这场景与现在的广州大相径庭。现在的广州不仅高楼林立，而且一些摩天大厦也称得上世界闻名。

大学期间，康敬伟选择了电气工程专业。他这一代人都相信，中国只有靠科学技术才能取得进步。这成了他们的口号和理想。

每年夏天，康敬伟都会坐火车回家。那时候，大多数火车还是蒸汽火车，所以每趟旅程都会花上几天时间，就像马拉松一样。如果乘客有足够多的钱，他们就可以买软座或软卧，不过大多数乘客都会选择坐硬座——那是一种长木凳，分别安置在火车两侧，每条长凳能容纳三名乘客。通常，在人们刚上车的时候，车厢都还干净整洁；但等到火车到达目的地时，车厢就会变得非常脏乱。

康敬伟坐火车回家一般要花两天时间。有些时候，尽管买到了坐票，但他还得站着，甚至要躺在木凳下面，因为车厢实在太挤了。那时他 17 岁，所以无论坐车多么疲乏，他和他的同学们依然非常开心。那是他们第一次离开家乡，到一个陌生的城市求学。他们即将去探索一个新的世界，这让他们深感自由。

那时候的火车远比不上现在这般便利。那里面没有平板电视，没有智能手机，也没有 iPad。人们充其量就只有一台松下录音机或索尼随身听陪伴他们度过漫长的旅程。一个个车厢成了人们享受音乐和分享故事的小型社区。康敬伟印象最深的，就是当时在火车上听的那些录音机设备。

大学毕业后，康敬伟决定去当时在中国已经非常前卫的城市之一深圳碰碰运气。

作为一个曾经群山环绕，当地农民以种植蔬菜为生的小村庄，深圳在 20 世纪 80 年代被选定为“经济特区”。当时，中国政府决定对国家经济进行改革，所以想在国内设立几个经济技术特区。这当中最为人熟知的便是深圳。

康敬伟很想去深圳发展并在工作中发挥自己的所学，但要想进入这个城市，他需要持有特别许可证，可他当时并没有。凭着倔强的性格，他毅然买了从广州到深圳的火车票，而且安全跨过了深圳的边境线。经过无数次去大公司求职之后，康敬伟终于在一家音响及无线电元件厂找到一份入门级的工作。

流水线上的工作并不轻松。他是装配微型元件这条流水线上的一个工人。尽管工作辛苦，但康敬伟一直记得父母教他的东西，仍然坚信总有一天，努力工作就能让他获得更好的生活。

21 岁时，康敬伟遇到了人生中的一个转折点。那个他曾经在坐火车回家的途中经常收听的录音机的生产商松下公司向他发出邀请。当时正值 20 世纪 90 年代初，松下公司正在积极招募具有技术背景的销售工程师。由于拥有电气工程理学学位而且精力无限，康敬伟就是最佳候选人之一。入职后，他的第一任日本老板立刻就对他青睐有加。

他在松下工作的那些年里，华为，这个以出产路由器、高速网络和手机而著称的通信公司成了他的第一个客户。他开始广泛构建宝贵的人脉网络。

康敬伟的运气一直都不错。1992 年邓小平重访深圳并要求中国重启对外贸易政策的时候，深圳经济开始真正发展起来。

1995 年，康敬伟又一次把握住时机，给自己找到了合适的位置。在松下工作了 4 年后，他所积累的工作经验已经足够让他创立自己的电子元件贸易公司，而松下就成了他的第一批客户之一。

2000 年，互联网热潮已经在全国兴起，康敬伟也通过从软银（SoftBank）和宏碁创投（Acer Venture）等几大风投公司那里筹资，趁势建立起自己的第一家互联网公司。它是一家在线视频公司，性质类似于 YouTube 和 WebEx。可惜当时中国还没做好接纳这种视频流播形式的准备，所以三年后这家公司就倒闭了。

幸运的是，他的贸易公司规模不断壮大，并且在 2005 年 1 月成为深圳首家在纳斯达克上市的公司。起初公司取名为“深圳科通”

（COGO），后来改成“优创科技”（Viewtran），而且仅用了三年时间就发展成为市值8亿美元的企业。

2010年初，康敬伟觉得要对公司做出改变。受到电商和社交媒体对传统行业影响巨大的启发，他认为是将公司搬到线上运营的时候了。

在中国，购买电子元件的过程十分复杂。数以百计的供应商都无法向全球数百万潜在顾客推销自己；至于小型买家，由于不具备讨价还价的能力，也无法找到合适的供应商。

康敬伟意识到，一家线上平台会使购买元件的过程变得更加高效。他并不是单纯创建一个像阿里巴巴官网那样的电商平台，而是设计了一个还能提供线下售后服务的电商网站。如此一来，康敬伟就将线下的贸易业务与这种新型线上业务模式结合起来。他的新公司科通芯城（Cogobuy）就这样诞生了。

然而，只有一个O2O电商网站是远远不够的。康敬伟和他的团队想要彻底改变半导体行业，所以他们决定开始开发平台的社交属性。

科通芯城与腾讯合作，开发了一个专属交流平台并可通过微信平台进入。这时康敬伟和他的团队意识到，他们可以将社交网络的各种优势引入半导体行业中来，即让供应商和客户直接对话。

2013年9月，C2B（消费者到企业）模式逐渐在中国兴起。它不仅改变着中国制造业，而且还让消费者与生产商以新的方式相互联系。借着这股势头，科通芯城发布了硬蛋网（Ingdan.com）。硬蛋网首先在微信上开发了一个社区入口，用以在中国的电子产品设计师和工程师之间进行想法和知识的互动交流。它是一种革新式的工具，将制造商和硬件设计者连接起来。

2014 年 7 月，科通芯城募股 1.77 亿美元，在香港证券交易所挂牌上市，市值将近 8 亿美元。自此，44 岁的康敬伟就实现了在两块不同的大陆板块上将自己的两家公司挂牌上市的壮举，而他积极活跃的想法还在不断帮助他创造成功。

社交与商业融合

科通芯城的运营模式向众人展示了，当社交和商业合并到一起的时候，哪怕是看起来完全与社交不相关的企业，都能获得成功。

2007—2008 年，康敬伟和他的团队一直把社交网络，尤其是脸谱网，看成是一种商业工具。由于脸谱网在中国受到屏蔽，他们就不断寻找那个能够成为“中国版”脸谱网的商业工具。中国一家著名的社交网络人人网似乎可作为一个候选者，但通过他们进一步的研究发现，人人网只在学生群体中受到广泛欢迎。

“在腾讯发布微信之后，我们突然意识到，它可以作为脸谱网的移动版。”康敬伟在他的美术馆里接受我们的一次采访时说道。深圳新建了一个“阁楼式”（The Loft）的开发区，他的美术馆就在这个开发区的中心位置上。当初康敬伟和他的妻子决定要建立这样一个美术馆，目的是帮助刚入行的中国画家。他们明白要想在行业中崭露头角有多么艰难，所以希望能够贡献自己的一分力量回馈社会。

我到的时候，康敬伟正在玩他新买的一种不用手就可以驱动的平衡车爱尔威X3（Airwheel X3），还试着教我用它，但它看上去很难驾驭。他很喜欢这类技术产品，所以总会搜寻这样的新玩意儿。正是这种冒险精神让他把公司带进了社交网络当中。

“2011年的时候，我们已经看到微信这款应用的潜力，也了解了社交媒体的强大实力以及如何将它们用在企业身上。所以我们当即决定和微信合作。”康敬伟解释道。

2011年，科通芯城努力想要了解如何让一个活跃着众多蓝筹股企业和工程师的行业变得更加热闹。这家公司并没有把他们的工程师作为职员对待，而是把他们聚集起来，组成一支可以进行想法交流的团队。甚至是B2B（企业对企业）这种冷门领域都可以通过社交活跃起来。

“我们认识到，最终决定权在人的手上。如果我们能够组建一支团队，用类似领英（LinkedIn）的移动社交软件把每个人连接在一起，我们就能够交换想法，并能够对公司里最有购买决定权的人直接进行营销推广。”康敬伟对我说。

“通过在微信上建立团队，我们能够让工程师们了解行业的新发展，比如新型硬件元件是如何提升智能手机的移动支付处理功能的。”康敬伟说，“这样一来，我们就创造了一种商业需求，并且可以借由我们的电商平台提供相应的服务。同时，工程师们也可以针对供应商在不远的将来应该研制何种元件给予反馈。”

“我们之所以在过去10年都没看到任何一家B2B电商公司获得

成功，是因为每家公司都只把B2B当成一种纯粹的交易业务。我们则通过引进社交元素改变了这个想法。这在我们这个行业中引起了巨大变革。我也相信这种变革会蔓延到其他行业。”康敬伟说。

他指出，社交与商业的结合不只对制造业等传统行业产生革命性的影响，而且还逐渐植入那些正在转移到线上的线下行业所采用的新型商业模式中。中国一家非常知名的创投基金公司启明创投的总经理甘剑平又给我举了一些关于这些新型模式及其运作原理的例子。

“我们目前所看到的还只是个开始。”甘剑平在接受采访时说。他办公室的墙上挂满了照片，上面都是他们公司所投资的成功企业，领域涉及互联网、医疗健康、清洁技术等等。他坚信，社交与商业结合的成功案例也会在其他很多行业中出现。

“我们会看到越来越多的行业将转移到线上运营，比如制造业、医疗健康行业和金融业，而且它们会把O2O模式和社交媒体结合起来利用。这毋庸置疑。百度的李彦宏曾说过‘未来不会再有互联网公司’这一概念。这是因为为了存活下来，每家公司到最后都会变成互联网公司。”甘剑平预测道。

“至于零售业，我们已经看到在许多其他领域都有互联网的身影，比如医疗健康。”甘剑平说。启明已经和腾讯联合投资了一家企业，后者将医院、医生和病人都连接在一起。“这家公司为病人设计了电子医疗记录，而且还帮助病人和医生进行在线预约。把这种公司搬到线上运营的好处之一就是你可以引入社交网络，这样病人之间就可以相互沟通，而医生们也越来越多地将时间花在网上——不仅可以学习医疗知识，还可以与病人进行交谈。”

“我们亲自到医院去帮助他们管理系统和病人资料。我们正在将线下世界里的医院搬到线上运营。这会使得整个系统变得更为高效，从而让医疗健康服务又好又便宜。”甘剑平说。

在中国，随着汽车、医疗健康和金融等领域转移到线上运营，O2O模式和社交将在创造高效这方面体现它们强大的力量。

“我们看到，在很多产业领域中都有一层层的产业链，各种批发商和中间商。大家必须很努力才能获得微薄的利润。”甘剑平解释道。

“现在有几百家企业是依靠关系和信息不对称而获得利益的。它们的附属价值就是全面掌握了信息。然而，每位中间商都会‘贡献’产品成本。我们看到有许多领域都可以实现自营电商模式，就像科通芯城在半导体行业所做的那样。最终节省下来的成本也会让消费者得到实惠。”甘剑平说。

甘剑平认为，微信这款应用就是社交和商业相结合的最佳例证。“微信是一款非常前卫的应用软件，而且我觉得他比WhatsApp好用。在社交网络中，微信也要强于脸谱网。当我打开脸谱网的时候，我花了30秒才看明白里面所发生的事——它有太多功能了。微信则具有即时性，只有图片和聊天。”

正如甘剑平所说，在互联网和社交网络正在改变传统行业这一点上，目前还只是个开始。

中国的“社交商务”不只关乎发布视频和图片。中国人会用社交媒体解决现实生活中的问题，从朋友和意见领袖那里获取建议，以及决定什么产品该买或者不该买。

流量经济与“粉丝”经济

为了解东西方社交网络在使用上的差别以及将流量转化为销售额的不同方式，我去香港采访了一位媒体和营销方面的权威专家陈一枬。

陈一枬在广告业已经有30多年的从业经验，是威汉营销传播集团（WE Marketing Group）的主席和首席执行官。她获得过很多荣誉，包括入选“中国百大企业家”和由《广告时代》（*Ad Age*）杂志评出的“广告业最具影响力的100位女性”等。她的经验非常丰富，经常就品牌创建和营销方面为中外企业提供建议。

“中国的社交和商业有两大特点。”陈一枬解释道，“第一个特点是，中国消费者不同于西方消费者，他们会广泛利用社交网络与品牌企业进行沟通交流。”

“中国人喜欢发布东西，还喜欢评论和分享，尤其是分享；西方的用户们则会在Instagram（一家图片分享网站）、脸谱网和Twitter等社交媒体上表现得非常活跃。在西方，社交网络被人们当作一种非常亲密的交流方式，你会和朋友们分享自己的东西。但在中国就不一样了。如果你到微博上看看，你会发现许多品牌创建活动都是借由这个平台发布的。中国人想知道这些品牌正在做什么，或者它们是否正在创造新的产品等等。”陈一枬说。

第二个特点就是中国人的购买行为非常社交化。“中国人喜欢和他人分享，告诉他们自己都买了什么；在西方，人们不太会分享他们的购物经验。”陈一枬解释道。

目前在中国市场上，企业收购现象越来越多，这清晰地表明这些互联网巨头们都不想输掉这场“社交商务”的比赛。尤其是阿里巴巴和腾讯这两大网络巨头，它们齐头并进，同时彼此对抗。

阿里巴巴持有微博的一部分股份，借此将其两大电商平台——淘宝和天猫与微博对接。与此同时，腾讯这个以移动和社交著称的公司也持有线上零售商京东的一部分股份，将自己在移动和社交上的服务连接到京东的电商平台上。

如果像阿里巴巴和腾讯一样，企业都把社交和商业合并到一起，最终会不会形成一种独特的模式呢？最重要的是，这种模式会是社交商务吗？

10月的一个周一下午，我来到香港的环球金融中心，坐上高速电梯直达60层，与一家全球性风险投资集团——数字天空科技公司（DST）负责亚洲地区运营的风险投资家约翰·林德弗斯（John Lindfors）见面。

数字天空科技公司由企业家尤里·米尔纳（Yuri Milner）创建。他最为人所知的便是对脸谱网、Zynga、Groupon、Twitter和空中食宿（Airbnb）等全球大型互联网公司进行投资，而且在亚洲也有几个主要的投资控股对象。

我问约翰，凭借对西方和亚洲技术企业的专业了解，他如何看待这些公司未来的发展。

"'社交商务'不会替代人们从事商务活动的方式，但社交特性将会成为中国电商很重要的部分。"他说，"大量社交元素将融入电商之中。"

陈一枬也表达了类似的观点。"我相信，最终我们会有两种购物模式。你去看看天猫这样的电商网站，它的意义就是吸引流量，并把它转化成销售额。另一方面，对于微信这样的应用，重点就不是流量，而是'粉丝'。因此，我们可以说未来会出现两种不同的经济模式——流量经济和'粉丝'经济，而且是从纯粹的流量经济转化到流量经济与'粉丝'经济共存的局面，即它们会同时存在。"

然而，根据陈一枬和其他专家的说法，"粉丝"经济仍然处于"襁褓期"。"当前，国内大多数业务仍在阿里巴巴的平台上进行。所以我们仍然生活在一个流量经济的世界里。阿里巴巴主要运营的是电商平台。通过产生大量的流量，它才在电商领域实现了如此成功的运作。"

"腾讯已经开始在微信上运营电商业务，但它采用的策略与阿里巴巴完全不同。尽管天猫和淘宝对每个人都是开放使用的，但微信是一个封闭式系统，你只可以在上面和朋友聊天互动。你可以邀请他们在你开的商店里购物，但只能通过这样的封闭式网络才可以。"陈一枬说。

她解释道，在阿里巴巴这样的电商平台上开店和在微信这样的社交平台上开店的区别，就好像前者是在一家大型购物商场开店，借助其他商店的名气可以给你带来部分客流；后者则是在一条小的街道上开店，尽管流量受限，但你的朋友会来这里光顾和购物，因为他们了解你。“只要你的朋友够多，那么你开的小店也可以生意红火。”陈一枬说。

另外，陈一枬认为“粉丝”经济尚未流行的原因还包括微信一直非常保护自己的品牌。“腾讯并不想变得完全商业化，也不想让微信失掉它的本质。目前微信仍是人们联系朋友的最好方式，不会受到类似弹窗广告的干扰。天猫则不同。人们到天猫是为了购物，希望有弹窗告诉你哪里有最大的折扣。到天猫是希望能够娱乐放松。所以这两种模式为人们展现了不同的购物体验。”她解释道。

“粉丝”经济平台将电商与社交整合到一起的一个成功案例就是蘑菇街。2014 年 6 月，这个广受欢迎的时尚应用软件完成了C轮融资，估值超过 10 亿美元。[1]起初，蘑菇街就是一个图片浏览网站，类似于Pinterest（美国的一家图片浏览网站），用户们可以将他们刚买的商品拍照上传到网上，然后互相对这些商品进行评价。

蘑菇街的用户一般都是“名副其实的”年轻人，像大学生、文秘职员等等，而不是所谓的职业模特。这就使这个网站显得更加真实。用户会针对其他用户在衣服和配饰上的搭配方式给予反馈并提出建议。由此看来，蘑菇街呈现的是一种线上购物窗口的形式。这就是社交元素“介入”后的成果。

启明创投是蘑菇街的几大投资商之一，所以甘剑平很快让我了解到他们和这家公司的渊源。“仅在6个月内，蘑菇街的用户基数就从0增长到100万；而在接下来的一年半时间里，这一数字从100万又猛增至500万。这种增长速度是飞快的。”甘剑平如是说。现在，蘑菇街已经拥有超过1亿的用户，而且数量还在不断上升。[2]

甘剑平的说法肯定了之前陈一枏对我说的话。“蘑菇街的设计理念就是购物习惯的自然进化——人们购物，然后分享。同时，商家们在售卖自己的产品时，也可以和顾客直接对话。”

蘑菇街从时尚社交网站做起，但当它意识到“粉丝”经济可以像流量经济一样强大的时候，它就很快完成了转型，变成一个成熟的电商平台。

“刚开始的时候，蘑菇街给淘宝带去很多业务，所以蘑菇街的佣金也相当不菲。”甘剑平解释道。当消费者在蘑菇街上点击他们心仪的图片后，他们就会被引导到相应的淘宝店中。“但随着蘑菇街的业务量增加，淘宝开始担心它的这种增长迅猛的趋势，进而决定采用一种不同于之前的佣金系统，致使蘑菇街在一夜之间失去了30%的收益额。我猜，这就是因为蘑菇街的规模扩展得太大了。”甘剑平说。

“我们和蘑菇街重新回到起点，想共同创建一种新的收益模式。”他对我说，“我们的管理团队非常聪明，他们想到，既然我们无法从淘宝那里获得更多的收益，那我们为什么不去建立自己的电商平台呢？”

2014年春节过后，蘑菇街开始引入各类商户（现在已经超过10 000家）并建起自己的平台型电商。[3]“蘑菇街已经变成一个专为女性消费者提供商品的市场平台。我们想通过引进社交元素，为顾客提供一种更好的购买体验。这些聪明的商户不只是在网上发布关于他们自己品牌商品的图片，也会发布产自韩国或日本等其他地方的产品，像一个品牌集合店一样。”

“蘑菇街就是‘粉丝’经济中的典型代表。当我下载完蘑菇街并开始使用它的时候，我基本上就处在一个密闭的环境中，就像微信一样。我看着那些图片，然后就直接和商家联系，开始互相沟通。我完全没有从应用程序中离开过。在那里我能找到所有的东西。”他解释道。

“你在淘宝上购物时，虽然你的选择非常多，但有时候你会担心自己拿到的商品质量得不到保证；你在蘑菇街上购物时，它就像一个过滤器一样让你免除忧虑。你会看到一个女孩和她身上所搭配的衣物，而且她的顾客身份真实可靠，所以你就会更加信任自己买到的东西。”

从陈一枬和约翰这里，我了解到“粉丝”经济是一种完全不同于流量经济的购物体验。正如甘剑平提到的，“它们两个并不会相互排斥”。

* * *

现在是上午11点半，孔薇正在查看她昨晚收到的营销报告。突然手机响了——她的朋友安秋琼正在楼下的餐馆等她。孔薇都没意识到现在已经是午餐时间了。

她赶忙冲到大厅，迈步踏进10月的秋风里，几乎都无法摁住头上戴的那顶黑色的博尔萨利诺帽。往右转后，她走进一条小巷里，很快就来到这家餐馆。

安秋琼在二楼等她。她早就找到了一张桌子，还点了她们最喜欢吃的菜——清炒西兰花和酸辣汤。安秋琼显得非常兴奋，还说有事情要跟孔薇分享。她身着黑色上衣和灰色牛仔，脚上穿着一双英式系带牛津鞋，整个人看上去非常优雅。

安秋琼是个时尚博主，同时也为一家时尚电商网站工作。她经常会给孔薇提供一些有关时尚和服装方面的建议。最近她写了一篇关于迪奥的外衣方面的文章，阅读量已经达到10万次。安秋琼打开了她iPhone上的微信页面，她刚刚整理好自己在微信上开的店，所以想在第一时间拿给孔薇看，希望从她这里得到一些反馈意见。

安秋琼在时尚圈里有很多朋友，他们都会在折扣力度大时购买衣物和配饰，但安秋琼却从未动用过这些关系。于是她开了一家微店，销售她从朋友这里采购过来的单品，现在店铺里已经有很多订单了。

孔薇问她，为什么选择在微信而不是淘宝上开店。安秋琼告诉她，入驻淘宝的手续非常冗长，但在微信上，商户只需花几个小时就能开设自己的店铺。

安秋琼想先从小生意开始，目标则是她身边的朋友们。她会利用微信里的“朋友圈”功能，和她的朋友们分享她博客里的文章以及培养他们的穿衣品位。所有这些只在这一款应用中就可以实现——一个移动社交网络能够让她与顾客交流，收集反馈并做出相应的修改。

听完之后，孔薇深为所动。然后她根据最近自己在与营销代理商开会时学到的东西给安秋琼提出了一些反馈，还建议她在店铺的布局上可以调整几个地方。此外，孔薇还在安秋琼的微店里下了一份订单。她对织有紫蝴蝶的黑色萨尔瓦托–菲拉格慕（Salvatore Ferragamo）丝巾是完全没有抵抗力的。

以用户为核心

采访约翰之前，我在YouTube上观看了一个他的视频，里面讲的是他在赫尔辛基向一众创业者们介绍中国电商的特征，那还是2012年11月的时候。

我见到他后问的第一个问题就是："自从那次你在赫尔辛基做完演讲之后，中国电商又出现了哪些变化？"他告诉我，用户数量继续呈现指数级增长，而且电商市场也实现了巨大发展。

"一开始，人们只会在淘宝上购物，直到两年前，天猫开始进入人们的视线；这次则呈现出一个高端平台在追逐中低端平台的局面；后来，专注于消费电子产品的京东商城获得了非常可观的市场份额；最后，唯品会异军突起，成为限时特卖领域的领导者。短短两年时间，中国消费者就见证了各大电商企业突飞猛进的发展。"约翰解释道。

“这些公司在市场份额上的增长表明消费者已经变得更加聪明老练。人们现在已经不去淘宝，为了找件商品逛上几个小时，而是直接去他们熟悉的网站，并且相信摆在那些网站上的商品。这种‘搜索心理’两年前还没有出现。人们‘一招鲜吃遍天’的心理依然广泛存在，这是因为70%的市场仍由淘宝统治，但现在正有一批消费者开始直接到专门的网站上搜索商品了，而且数量还在持续增加。”约翰对我说。

2007年，绝大多数互联网用户都是玩网络游戏的闲散人员。几乎很难相信，短短几年内，用户的广度和深度都增长得如此之快。更令人吃惊的是，就在这么短的时间里，一些小型电商公司一跃成为市值数十亿美元的商业帝国。

但据马云所言，互联网用户的深度仍处在初级阶段。2014年7月，阿里巴巴即将上市，而马云在当时举办的软银世界大会（SoftBank World Conference）上谈到了进击电商世界的新趋势，即C2B模式。凭借这个模式，消费者基本上可以对企业生产的产品“发号施令”。手机和社交商务可以让生产商搜集和分析大量的消费者数据，帮助产品更好地做市场细分。

阿里巴巴的一项研究为C2B模式可以给生产商带来的信息类别提供了一个例子。正如Quartz（一家国际财经新闻网站）的作家郭莉莉（Lily Kuo）在2014年11月提到的：“今年夏天的早些时候，一群数据搜集者在研究阿里巴巴的内衣销量时，偶然看到一种奇怪的走势：买越大号内衣尺码的女性，她们会产生更多的消费……这一数据块仅仅是阿里巴巴每天不断去搜集和分析电商平台上的数百万份订单数据所得的结论之一。”[4]

对生产商来说，具备收集数据的能力就是最大的优势。这首先体现在定制服务上。据科技创业媒体“亚洲科技”（Tech in Asia）报道，马云在2014年7月举办的那场软银世界大会上这样说：“……企业不再生产无数同种颜色的T恤，反而是不久之后，顾客会要求企业专门生产他们需要的T恤，所以只有那些能满足顾客如此需求的企业才会发展起来。客户要的不是1万件红色的T恤，而是1万件不同颜色的T恤。”[5]

但定制服务和C2B模式是如何在实际中运作的呢？之前在淘宝和天猫开店，将顾客与生产连在一起的时尚企业家朱芳芳给我举了一个非常好的例子。

她在微信的“朋友圈”里发布了一些新的宣传活动，借此看看她的顾客和朋友们的反响并收集他们的反馈信息。

当顾客感觉商家发布的时装系列缺少了什么东西的时候，他们可以提出对该单品的建议。依靠与工厂的直接关系，朱芳芳在一周之内就能够推出样品，还将这个系列的衣服发布到网上，甚至连Zara这个国际知名的品牌公司都做不到这一点。

掌握这种数据之后，公司就能通过消费市场细分了解消费者真正想要的东西，并且能迅速对他们的需求做出反应。这就意味着，不久之后，每个人都可以买到适合自己的任何商品。

C2B模式并不仅仅适用于卖鞋、包，从一个更广义的角度上说，C2B模式也意味着消费者自身也在成为所有产品和服务创新过程中的一部分。

“物联网革命”

当前，大数据技术尚不成熟，正如阿里巴巴执行副总裁蔡崇信在接受开源项目Quartz采访时所说。[6] 他相信现在的数据只是“冰山一角”。数据拥有无限大的潜力。通过对数据的分析，阿里巴巴就使自身平台的运营变得更为高效，同时也让消费者得到更高的满足感。

一旦人和物品都与网络连接，就能无休止地生成数据，而企业就可以利用这些数据提高生产效率，从而向顾客提供更好的商品和服务。

我在北京采访卡都的创办人倪宝然的时候，他对我说，很快就会有能够判断人们需求并且能够自动下单的智能冰箱问世。这就是物联网。

中国正在物联网身上投下一个大的赌注，而智能手机制造商小米已经踏上了这个“征程”。启明创投是小米最早的投资商之一，而且甘剑平也证实：“小米在物联网上拥有多笔投资，旨在使人们可以通过小米生产的智能手机去操控他们身边的一切事物。这将成为家用电器的控制中心。”

随着中国正在从“人人在线”过渡到“万物联网”，科通芯城的创始人康敬伟相信，中国可能不久就会成为物联网行业的领导者，因为“中国是硬件制造大国，且大多数物联网元件也是在此生产制造”。

然而，如果中国想成为物联网行业的领导者，就必须转移到价值链的顶端，不只要做一个制造者，而且必须从起步阶段就开始培养创新力。

康敬伟和他的公司科通芯城就找到了一种符合这个理念的方式，就是提升深圳著名的硬件制造商在产业价值链中的位置。

当企业家和创新者需要找到一种有效的方式把他们的想法转化成产品的时候，美国著名的线上众筹平台Kickstarter就是他们可以学习借鉴的对象。

自2009年起，Kickstarter就已经对研发创造的过程产生了革命性的影响。创新者首先向大众提出他们的想法。若有眼光的客户认可他们，他们就会通过资金众筹的方式，对他们创造的产品进行投资。

尽管很有帮助，但Kickstarter仍未解决创新者普遍遇到的一个最复杂的问题：一旦资金就位，创新者仍然需要找供应商按照他们的样品批量生产，然后再通过关系网将产品分销出去。若销售失败，那他们的想法则仅成就了一次聪明的营销活动而已。

科通芯城创造的硬蛋网就是要攻克这个难关。这个平台很清楚，创新力从起步阶段就要建立起来。随着企业家和创新者制造出越来越多的定制产品，他们就需要有人先帮助他们进行小批量的生产，等将来稳定之后再进一步扩大规模。

对创新者来说，开模并进行规模化生产就是他们遇到的两个最大的挑战。首先，他们很难找到那个合适的生产商；其次，开模的成本就像谜一样难以确定；最后，找到愿意进行小批量销售的分销商也是一项极有难度的任务。

科通芯城在设计硬蛋网的时候，它的目的就是要解决这些实际的问题。这个创新式平台不仅将中国的一群创新者与硬件生产商连接在一起，而且还帮助这些创新者搞定从开模到小批量分销这一系列的流程。最后，创新者借由硬蛋网，将他们设计的产品发布到京东这家电商平台上。这就意味着整个流程到此结束，而硬蛋网这个平台则参与了产品生产的整个闭环。

科通芯城和硬蛋网向我们展示了顾客与供应商之间的连接是如何让中国消费者在网上接触到本土创造的产品，以及不久之后，中国的“物联网革命”可能会演变成的样子。

EAST-COMMERCE

第七章

中国电商的世界影响力

在登上飞机去往雅加达采访“印尼淘宝之父”威廉·塔努维阿亚（William Tanuwijaya）之前，我驻足在一家书亭，快速浏览着里面各种书的书名。一本蓝色封皮、名为《从 0 到 1》（*Zero to One*）的书进入了我的视线。它是著名的eBay联合创始人、硅谷最成功的思想家和风险投资家之一彼得·蒂尔（Peter Thiel）撰写的新书。

我买下这本书，把它放进包里，然后去登机。在飞机上读的时候，我完全被书中富有争议性和不寻常的论点深深吸引，索性一口气读完了它。

我发现自己一直在回想书中的两个问题——“什么样的真理是你和其他极少数人所认同的”，以及“哪种有价值的公司是人们尚未创立的”。

第一个问题是彼得·蒂尔在面试求职者的时候会问的问题；第二个问题则是把第一个问题上升到企业的层面。我不停地思索着这些疑问，却根本没意识到几个小时后，自己就听到了两个非常特别的答案。

第二天，我在雅加达的“亚洲创业展会”上遇到了威廉·塔努维阿亚。作为一名年纪轻轻就极富远见的企业家，他在受到阿里巴巴旗下淘宝网的启发之后，成功创建了一家电商平台，并从阿里巴巴的重要投资商之一软银集团和硅谷最高级别的创投公司之一红杉资本等企业得到几笔重要的投资。

威廉正在主讲台后面的媒体室回答着记者和年轻“粉丝”的问题。提问结束之后，我们转移到一个角落里开始进行采访。当他把自己的棕色皮包放在椅子上的时候，我注意到他的包里也有一本《从 0 到 1》，他也在读。很快，这本书就成为我们对话过程当中的一个被反复提及的对象。

1981 年，威廉出生于印度尼西亚最大的岛屿之一苏门答腊岛的一个小镇上。那时这个小镇只是一个农业小镇，没有大学，也没有购物中心。

威廉的祖父曾经是一名企业家，后来就把自己的公司交给了威廉的父亲和叔叔们共同管理。可惜公司的运营并不顺利。在威廉还是个孩子的时候，公司不得已宣告破产，然后他的父亲就来到当地一家工厂里打工。总而言之，威廉并没有在一个企业家的环境中成长起来。

高中毕业以后，威廉的父亲和叔叔送他去了位于爪哇岛的雅加达念大学。他们希望威廉能比家族的父辈们更有出息，更了解外面的世界。

18 岁时，威廉考上了印度尼西亚建国大学，学的是计算机科学专业。白天他会去教室上课，和同学们一起学习；晚上他会去网吧工作，用以贴补家用以及支付他父亲的医药费。

大学毕业之前，威廉一直在网吧做着网络管理员的工作。利用职务之便，他可以在网吧里免费上网。1999 年，印度尼西亚的上网费非常昂贵，而他做这份工作的其中一个好处便是可以看到整个世界——尽管在当时只能通过网络。

威廉的轮班时间非常久，从晚上 10 点一直到早上 9 点，天天如此。他将这段安静的时间称为“吸血鬼时间”。他可以充分利用这段时间玩游戏、在线阅读和浏览网页。后来他自学了 HTML/CSS[①] 的编程知识，而很少到学校上课。他很喜欢讲的一句话是，他是从网吧毕业的，而不是大学。

由于在小镇长大，威廉从小养成了读书的爱好。他读起书来手不释卷，但每次都要等上好几个月才能拿到新书。互联网则为他开启了一条又快又可以无限接触信息的通道。这时他才意识到，互联网将改变这个世界。

2003 年大学毕业后，他想找一份与互联网有关的工作。但可惜的是，那时候诸如脸谱网和谷歌等大型互联网公司还没有在印度尼西亚设立代表处。他先后在几家软件公司工作过，领域涉及游戏发行和航空订票系统等等，还在 2007 年加入了一家活跃于短信广播服务领域的公司。为了多赚些钱，到了晚上他还要兼职做网页设计师。

这家短信服务公司向用户提供的是信息订阅服务，比如以短信

① HTML 称作“超级文本标记语言”，用来表述网页的内容；CSS 称作“层叠样式表”，是一种用来表现 HTML 的计算机语言。——译者注

息的形式告诉球迷他们喜欢的球队刚刚进球得分等等。威廉知道，人们很快就不再付费接收这种短信息服务，而是直接通过互联网获取信息。正如彼得·蒂尔在书中写道，现在是时候想一想人们尚未创立的有价值的公司是什么了。

通过两项观察，威廉找到了答案。首先，人们还不信赖在网上进行交易；其次，虽然越来越多的人对线上销售感兴趣，但他们并不知道该如何操作。

早在网吧工作的时候，威廉花在线上的时间就已经超过了线下。最后他当上了一个网上论坛的超级版主，扮演的是第三方监管者的角色。当时eBay还没有在印度尼西亚开设分部，这个论坛就成了人们不仅用来交流更可以用来进行交易的地方，类似于Craigslist（美国一家网上大型免费分类广告网站）。

后来威廉注意到，买卖交易在论坛上变得越来越困难。人们希望面对面进行商品和金钱的交易。由于印度尼西亚是一个拥有17 000多个岛屿的群岛国家，论坛上的人通常住在不同的城市或岛屿。为了做成一笔交易，买主要先将钱款打给商家，而商家只有在收到钱后才会把产品寄给买主。刚开始的时候，这种模式运行得还算顺畅；随着这种网购模式逐渐受到大众欢迎，网络诈骗开始出现，信任危机也随之而来。

作为监管者，威廉经常被那些上当受骗的人求助，但他也对此无能为力。他无法帮助顾客从商家那里要回钱款或者阻止骗局再次发生，他只有一个电子邮箱和IP地址（互联网协议地址）。这时候他意识到，如果想要在线商务成功，那就需要一种完全不同的平台模式，并且该模式要保证安全可信。

威廉也意识到，越来越多的印度尼西亚家庭式商店想要在线销售商品。基于网页设计的兼职，他经常会接触一些有建站需求的家庭作坊类型的小公司。每家都想建立一个类似于亚马逊的电商网站，把产品销往印尼各地。然而，当地多数家庭企业并没有投资的资本，而且也不知道该怎样建立一个网站和吸引顾客流量。

威廉看到，一边有商家想在线销售，另一边则有买家想在线购买，现在只缺少一个合适的方法，能够将二者连接到一起。

透过这些观察，威廉认识到人们尚未创立的企业就是这样的一种平台，即能够让人们在一个可信赖的环境中进行买卖交易。

他开始在网上研究哪种商业模式能在印尼获得成功。包括美国的亚马逊和eBay、日本的乐天株式会社以及韩国最大的综合购物网站G-Market等都在他的研究范围内。最后，他把目光转向了中国，看到阿里巴巴创造了一个类似于eBay、却带有专属特性的市场平台淘宝。这就是威廉一直在寻找的模式，它可以解决同样在印尼电商身上发生的问题。鉴于印度尼西亚岛屿众多，所以企业要想采用类似于亚马逊的自营模式，它们就必须在所有一级城市中建立仓库，而这简直难以想象；而淘宝则不是以自营模式运营的，它是一种连接买卖双方交易的平台。

威廉向他的上司提出了这个想法，并有意给后者暗示：短信息行业没有未来；公司应该建立一个互联网平台。起初这位上司并不明白威廉的意思。为了言简意赅，他对上司说，公司应该建立一个“印尼eBay”。当时他清楚上司对电商平台知之甚少，所以无法拿淘宝举例。威廉知道，他们能够像蒂尔在书中说到的那样，成立那个前所未有的“有价值的公司”。蒂尔相信，每家公司都应该选择一个能够在未来独当一面的细分领域，这样它们才能发展壮大，如同谷歌和脸谱网一样。

尽管这位上司没能理解威廉的话，但仍然为他引荐了当地一群富有的投资商。2007—2009年，他前前后后接触了几个企业家，却均以失败告终。他们问威廉的5个问题都一样——其中两个有关商业，剩下三个针对个人。从商业的角度考虑，这些投资商并没有看到已计划好的策略，甚至连一个成功的案例都没听说过。他们问威廉，他是否在印度尼西亚认识任何一个以互联网发家致富的企业家：“你知道谁是印度尼西亚的‘比尔·盖茨’吗？”可他一个也说不上来。“这里不是美国的硅谷，没有一个成功的案例能够说服我们对你所描述的公司进行投资。”他们会这么对威廉说。

第二个问题则是关于威廉如何抵挡住竞争。如果确实存在人们对这类公司的需求，那么像eBay和乐天株式会社等全球各大品牌企业将会不可避免地进入印尼市场，而且会打压威廉的公司。“跨国竞争者们可以源源不断地投资，若你没有这样的能力，击败他们对你来说将会非常困难。”他们如是说。对于威廉来说，这些商业问题还比较好消化，但那些质疑他本人可靠性的问题则较难处理。投资者们会问威廉关于家庭背景方面的问题，在印尼，家族拥有一个好名声是非常重要的，而威廉的家庭背景对他们来说太平淡无奇；此外，他们还会问他关于学术背景方面的问题，可惜威廉念的大学也不是很有名气；最后，他们会问他之前创业的成功经验，但他也说不出来。所以在谈话即将结束的时候，这些投资者会告诫他，不要好高骛远。

即便如此，威廉并没有放弃，而是开始调研那些最成功的互联网企业家的故事。通过研究他们的背景，他发现这些人大多都从来没学过商业知识，甚至有人都没拿过大学文凭。后来威廉终于明白，他真正欠缺的只是一个成功的案例——除非他自己来构建这个故事，否则没人可以替他完成这件事。于是这就成为他生命中的一个转折点。

2009 年，威廉的上司终于意识到他的预言完全正确，决定为这个平台提供启动资金。威廉也对他的上司坦言：电商是一种长期性的业务，这就意味着它不可能一天就收回成本甚至赢利。但他的上司已经下定决心，并且给了他 25 万美元的启动资金；此外，他还提议让他的侄子列昂基纳斯 · 阿尔法 · 爱迪生（Leontinus Alpha Edison）作为威廉的合伙人，并对公司的股份进行如下分配：他自己持有 80% 的股份，而威廉和列昂各持 10% 的股份。威廉二话没说就一口答应了。他明白，这是他的机会，而且持有 10% 的股份也比什么都没有的好。他也知道，雅加达不是硅谷，而且正如嘉信理财公司创始人查尔斯 · 施瓦布（Charles Schwab）曾说过的，“成功的最佳方式就是从你所在的地方，用你所有的一切开始”。

公司成立之后，威廉和列昂来到一场大学招聘会招募员工。他们在招聘会上租了两个最大的招聘摊位，希望能招揽很多应聘者过来应聘。然而并没有人光顾他们的摊位，因为这些印尼的毕业生都想去大公司工作。所以刚开始他们只能靠自己。6个月之后，也就是在印度尼西亚独立日那一天，他们宣布成立这家公司。

那段时间里，在雅加达的万豪酒店和丽思卡尔顿酒店，5分钟内分别发生了爆炸事件。这次连环自杀性爆炸袭击距离上一次在巴厘岛发生的严重恐怖袭击事件时隔4年。他们创立的这家公司Tokopedia（也被称为“印尼淘宝”）和各个商户想让每个人知道他们对这些事情的愤慨，所以决定在网上发起一项名为“印尼·团结”（Indonesia Unite）的声援运动：他们在自己的网站上售卖T恤衫，上面还印着一句口号——“我们绝不惧怕”（We are not afraid）。这是印尼的民众第一次认识Tokopedia这家公司。

2010年3月，就如投资者们早先预测的那样，他们的竞争者开始悄无声息地在印度尼西亚出现：eBay与印尼最大的电信公司建立合作关系，乐天株式会社则与印尼媒体大亨MNC（Media Nusantara Citra）进行合作，还有纳斯帕斯公司（Naspers）也与美国的一家社交媒体平台Multiply进行合作。

从表面上看，威廉和Tokopedia毫无胜算，但互联网的美妙之处就在于任何企业都可以挑战现状，甚至是那些处于竞争劣势的公司。Tokopedia最后能赢得这场战役的胜利主要靠如下三点。首先，为了让消费者了解电商，竞争者们不惜投入上亿美元，虽然Tokopedia在开支方面比较审慎——每月在广告上的预算支出只有300美元，但竞争者们在教育市场上的投入让它渔翁得利；其次，鉴于公司规模较小，Tokopedia能够更快做出决定，这在互联网行业中是一项极其重要的优势；最后，Tokopedia做事的时候会抱有一种“不成功便成仁”的态度，而那些跨国公司如果遭遇失败，则可以选择撤资离开。这带来的最终结果就是：三年后，Tokopedia在竞争中完胜。

2014年10月，Tokopedia获得了印度尼西亚历史上初创企业最大的一轮融资，惊艳众人——软银集团和红杉资本同意向它投资1亿美元。威廉总觉得冥冥之中，他和软银这家日本电信和互联网大亨有着某种联系，他们甚至在同一年“诞生”。同时，威廉也深受软银创始人孙正义的鼓舞，孙正义想要创建一家长久性企业的梦想与威廉想创建一家持续几十年的公司的梦想不谋而合。除了软银，红杉资本也是一家早期从事投资行业的公司，投资对象包括苹果和谷歌等大型技术企业。它见证了很多大型技术公司如过山车般起起伏伏的发展历程。所以对威廉来说，红杉资本就像一台时光机器，因为它知道如何在未来几年内帮助他成为一名成功的企业家。

看着那本《从0到1》在威廉的包里那么显眼，我决定向他发问:“什么重要的真理是你和极少数人都认可的呢？”他的回答绝对会给他带来一份工作。对威廉来说，那个重要的真理就是，他促使印度尼西亚马上有机会为本国第一个成功的技术案例而庆功。但是，并不是每个人都同意他的想法。人们说他是个“卖国贼”，因为他把股份卖给了外国人。他也不知道为什么这种观点依然存在，但他觉得这既虚伪又危险。比如，在全世界所有的城市中，雅加达人发布的Twitter数量是最多的。[1]威廉告诉我，印尼人会嘲笑他们当地的社交媒体。他相信，基于民族大义而做出选择是错误的想法。聪明人会选用有用的产品，而不会在意它们的产地。威廉也相信，如果他没有和实力强大的合伙人一同创建这家公司，那么印度尼西亚很可能多年都不会在全球技术领域当中拥有一席之地。

向全亚洲扩散

威廉和他的公司Tokopedia正处于亚洲最有前景的电商市场的其中之一——印度尼西亚。投资商正把目光投向印度尼西亚的技术领域和由此带来的经济效益上。20世纪90年代末，由于受到亚洲金融危机的影响，印尼经济曾在一段时间内很萧条；但自2010年起，印尼的GDP就呈现出稳健的增长态势。

在雅加达的时候，我注意到印尼人对本国发展有一股很强烈的愿望。尽管还有很长的一段路要走，但他们的乐观精神无处不在，动力十足，情绪高涨，甚至连街市都要比以往热闹许多。国外的印尼人也陆续回到他们的祖国，想要把握住这次大好的机会。这些人既年轻又充满活力，对未来满怀兴奋之情。

在这段经济增长过程中，互联网和移动市场起到了至关重要的作用。“不久后，印尼全国2.5亿人当中就将有1亿人实现互通连接。”尼尔森印尼公司（Nielsen Indonesia）总经理阿古斯·努鲁丁（Agus Nurudin）在2014年举办的欧洲货币印度尼西亚投资论坛（Euromoney's Indonesia Investment Forum）上如是说。2014年，印尼总共卖出1 500万部智能设备。此外，根据市场对2012—2015年这三年的人口普查预测，印尼将会卖出大约7 500万部智能手机。"这种增长趋势呈指数级，而且还在不断加速中。"阿古斯说。

印度尼西亚广泛使用手机和其他移动设备的现象和中国几乎一样，都在逐渐摒弃电脑。根据谷歌驻印度尼西亚前总经理、现为一名成功的风险投资者的鲁迪·拉玛维（Rudy Ramawy）在这个投资论坛上的说法："现在的印尼分成了两半：一半是高度连接的，类似于巴西的城市人；另一半则更像印度的民众，他们的特点是通过手机进行通话，而不是真正的连接。这剩下的半数人口将很快通过手机上网，这些人甚至从未购买过笔记本电脑。"

随着各类价格便宜、功能强大的智能设备（比如小米手机）纷纷面世，一场"线上零售"的革命正在发生。根据沙利文咨询公司（Frost & Sullivan）的调查显示，印尼日益壮大的中层人士和年青一代将促进电商收入的提高，预计电商收入将从2013年的10亿美元增长到2016年的100亿美元。"电商市场拥有巨大的潜能。5年后的印尼，电商将成为人人都使用的一个常规工具。"威廉说。

根据我在中国所见证的这些，电商在印尼也绝不只是销售产品那么简单。它正在对政府体制化且效率低下的系统进行改革。威廉相信，电商促进经济发展的原因不只体现在促进消费这方面，而且还能够消除"中间商"这个体系。"在印尼运送一件产品的成本是非常高的，因为这里面有许多中间商会把价格抬高。”威廉解释道，“电商则直接把中间商剔除在外，所以很多产品就更容易获得，价格也更便宜。”

如今，印度尼西亚正在逐渐成为一个规模庞大的互联网市场，但还有别的国家也通过采用中国电商模式获得了成功。数字天空科技公司亚洲区负责人、风险投资家约翰·林德弗斯相信：“这场已经席卷中国的‘电商海啸’同样会给世界上的其他国家带来巨大影响，比如印度。”数字天空科技公司就是印度最大的电商平台Flipkart和打车应用软件Ola Cabs的投资商之一。

虽然我对东南亚一带的电商行业非常熟悉，但对于印度电商市场，我只有一些基本的了解。我知道印度有一个非常重要的技术中心，还有很多顶级的软件设计公司，但我并不了解印度各大互联网巨头。正巧有一次去香港做采访研究的时候，我遇到了印度火箭网络公司（Rocket Internet）的总经理希弗特·马尔霍特拉（Heavent Malhotra）。

根据希弗特的说法，印度电商市场自2010年起就呈现出爆炸式发展，每年的增长幅度都超过100%。高德纳咨询公司（Gartner）则认为，2015年印度电商市场的消费规模将达到60亿美元，这要远远超过2014年的35亿美元。“任何关于印度每年经济增长的中期预测都从来没出现过低于70%的情况。”希弗特说。

结束对希弗特的采访之后我意识到，印度电商市场正处于一场变革之中，而投资者也都纷纷赶去“下注”，把钱投给那支即将获胜的团队。印度的电商企业可以分成两种类型:“横向运营型”企业——综合电商，即销售各个行业的产品;“纵向运营型”企业——垂直电商，即专注于一个行业的产品进行销售，比如时装业。“印度三大‘综合电商’企业分别是有‘印度亚马逊’之称的Flipkart，目前市值高达数十亿美元；还有亚马逊印度和Snapdeal，后者可称得上是‘印度阿里巴巴’。Jabong就是火箭互联网风险投资公司所投资的时装行业垂直电商。从该垂直领域来看，它称得上是印度时装行业的领导者。”希弗特说。

Flipkart和Snapdeal的例子说明中国电商模式已经成功“翻越了喜马拉雅山”。Flipkart由亚马逊前员工创立，总部位于印度卡纳塔克邦首府班加罗尔。“近几年，Flipkart的发展程度是有目共睹的。”希弗特说，“一开始，Flipkart把自己定位成印度的亚马逊。但最近随着阿里巴巴获得广泛赞誉，Flipkart开始有意关注中国的市场平台。”希弗特相信，Flipkart会沿用这个由中国创造的新兴市场模型。“在某种程度上，这种模式结合了阿里巴巴模式和京东/亚马逊模式的两家之长。”

距离Flipkart总部以北2 000公里的地方就是印度的北方邦，Snapdeal的总部就坐落于这里。2010年，库纳尔·贝尔（Kunal Bahl）和罗希特·班萨尔（Rohit Bansal）在新德里共同创立了Snapdeal。这又一次证明阿里巴巴模式正在全亚洲扩散开来。Snapdeal的投资商包括eBay和软银等大型创投企业，而公司最近的一次估值已经高达数十亿美元。

11 月下旬的一个周六下午，我对身在新德里的库纳尔进行连线采访，他向我透露了关于Snapdeal这段传奇般的故事。“刚开始，我们就是一家日常的交易网站，就像Groupon一样，是一个服务餐馆等本地商户的市场平台。但在2011 年到中国访问期间，我们注意到最终的产品市场才最具规模。因此访问结束后，我们决定将公司原本的‘服务市场平台’转变成‘产品市场平台’。”库纳尔解释道。

库纳尔和罗希特都非常清楚，比起美国市场，中国市场更符合印度市场的情况。这两个国家有许多相同之处：基础设施差、消费者群体对价格的敏感度高以及移动用户非常多。他们意识到，阿里巴巴旗下的天猫和淘宝两大平台型电商的模式将会解决印度市场上最大的问题：把占据印度零售业市场95%的数百万个小型品牌和商家整合到一起。通过采用阿里巴巴模式，Snapdeal能够在最大程度上提供产品和商户，而且无须准备大量的募股资金。

除了销售产品以外，库纳尔和罗希特知道阿里巴巴也在提供诸如支付系统和贷款等方面的服务。受到这一启发，他们又发明了新的服务：2013 年，Snapdeal发布了在线支付系统Trustpay；2014 年11 月，通过与一家银行技术平台Fino PayTech合作，他们又发布了一项服务，称作“辅助性电商”。他们之间的这种首次合作使得全印度半城镇化地区、农村和居民区的低收入消费者能够通过Fino PayTech运营的各大中心网点接触到上千种产品。

库纳尔相信，印度市场仍有可开发的空间。“到2014 年3 月，只有2.25 亿印度人进行了互联网连接；其中大概只有12%的人，约

2 500 万人会在网上购物。现在我们所做的，就是要迎合其余的那 10 亿印度人。”库纳尔说。与Fino Pay Tech的合作让那些没有固定住所或尚未连网的消费者能够走进中心网点，与一名Fino Pay Tech代理商下订单，然后直接在店里拿到商品。“突然之间，你打开了一个价值 9 亿美元的市场。”库纳尔说。他相信印度电商市场仍有很大的发展空间。“当前这段时间非常活跃，因为我们正在经历印度市场呈现指数级增长的阶段；并且在接下来的 5 年内，它会成为一个市值 1 000 亿美元的市场。”库纳尔说。各个投资商似乎也同意这种观点。在投资了Tokopedia后，软银集团在 2014 年 11 月又对Snapdeal投资 6.27 亿美元，后来在 2015 年 8 月又与阿里巴巴和富士康共同出资 5 亿美元投到Snapdeal身上。[2]

如今，印度和印度尼西亚已经成为亚洲技术投资市场上两个最炙手可热的地区。同时这也证明，中国的电商模式正在成功地走出国门、走向世界，并且成为东西方国家的灵感之源。所以我坚信，我们一定会看到这种现象——我称之为中国电商模式。

走向南美洲与非洲

如今，中国电商模式并不仅限于亚洲，也在朝着其他的新兴市场迈进，比如南美洲和非洲。例如 2014 年，百度购入了巴西一家在 2010 年里约热内卢创立的线上折扣公司Peixe Urbano的大多数股份。“在我们收购这家公司的时候，它只有 30%的市场份额；到 2015 年，它在团购交易市场上所占的份额已经达到60%。也就是说，我们的模式在它获得成功这方面起到绝对有利的作用。”百度国际公关总监郭怡广说，“巴西很像几年前的中国，也许就是中国三五年前的样子。两个国家都幅员辽阔，也是新兴市场；在互联网的使用上尚未达到普及化，但普及速度非常快，尤其是在移动设备上。此外，在这两个国家中，国际化都市与边远地区的贫富差距非常大。类似的国家还包括印度尼西亚、尼日利亚、印度和泰国。所以我们的模式，尤其是O2O模式，就能够在这些国家中发挥作用。”

尼日利亚绝对是中国电商模式的又一个绝佳例证。2014年初，秉承着“成为非洲阿里巴巴”的目标，尼日利亚的一家电商网站Konga.com首先采用类似于亚马逊的模式并借此发布它们的市场平台。[3]最终这个目标得以实现，它成为非洲最大的互联网公司。[4]

正如郭怡广向我确认的那样，中国为解决本国零售业基础设施发展落后的问题而创造的电商模式，包含了智能设备普及化和国民消费力增强两个方面。这看起来也同样适用于那些有类似需求的新兴经济体。2015年9月，百度全球业务发展部总经理胡强生在北京召开的百度年会上发言时提到，百度进入一个目标市场是通过以下三点完成的：首先，是寻找人口众多的国家，其中移动互联网尚处于发展初期，但有发展潜力；其次，专门挑选出一种产品，用以在目标市场中流通；最后，培养该市场的O2O知识。“过去我们只是在复制外国的技术，可现在，我们能够将自己的产品创新力及其运营专利出口到国外。”胡强生说。[5]

“中国的线上模式只是证明了它比那些发达国家的模式更适用于新兴经济体。”库纳尔说。“美国的零售基础设施及其电商模式要领先印度 20 年，而中国模式只领先印度 7 年左右的时间。所以说中国的模式更贴近印度的国情。”他补充道。

这也就是说，这两种模式将分别适用于两种不同的市场环境。“现在我们可以将发达国家的模式与发展中国家的模式区分开。”阿里巴巴前副总裁、目前帮助电商公司建立平台型电商的波特如是说。

波特的这个结论是基于他在淘宝工作时的经历。“人们知道，美国已经创造出最成熟且有效的电商模式。这有点像买车，每个人都知道德国出产的一些汽车是全世界最先进的。”波特说道，重点在后面，“但像美国、欧洲和日本等发达国家所建立和使用的模式并不适用于发展中国家，这是因为这种模式是建立在不同于发展中国家的基础设施和市场特点的基础上的。因此，你需要建立一种更适于发展中国家市场环境的模式，也就是要不同于发达国家的模式。”这说的就是中国的电商模式。

波特相信，中国电商模式，或者具体来说是阿里巴巴模式更适合发展中国家的原因有以下三点。首先，它能够培养企业家精神。“发展中国家的企业家精神甚至比美国的还要强大，因为这是一种‘求生存’的企业家精神——不成功，便成仁。”波特解释道。其次，平台型电商能够建立信任。“你需要给互不认识的买卖双方找到一种方式，将他们绑定，进而完成交易。”波特说，“在淘宝里面，我们会给买卖双方提供在线聊天工具，将线下模式复制到线上来。这和

eBay、亚马逊不同，它们是在买家和卖家中间砌了一道墙。”最后，这些平台型电商能够让那些零售基础设施发展落后的地区轻松获得产品。

结束了对威廉、库纳尔、波特和希弗特的采访后我认识到，即使中国电商模式适用于新兴市场，但却没有两个新兴市场是完全相同的。在欧洲货币印度尼西亚投资论坛上，可口可乐印尼分公司总裁马丁·吉尔（Martin Gil）举了个例子，用来解释为何两个看似相同的发展中国家却有着各自的特点。“为了能够服务印尼所有的岛屿，可口可乐在这里建了10家工厂，远远超过在越南的4家。”威廉和库纳尔也都同意这个观点：即便中国的电商模式在其他市场上进展顺利，但你也不能简单地复制过去，照搬照用。“我在这里想表达的意思就是，我并不认为人们能对商业模式进行‘复制粘贴’。我不觉得这样会管用。”库纳尔说。“中国电商的确是作为一种灵感的来源出现，但它也不是那种能够直接用于其他市场的制度化的东西。人们还得从自己的市场中培养挖掘。总而言之，你可以受到它的启发，但必须要结合你正在建立的生态系统去创造自己的模式。”威廉补充道。

假设你没有简单地“复制粘贴”商业模式，而是将它们本地化，正如库纳尔和威廉分别在印度和印尼所做的那样，这些本地化模式最终是否能够生存下来？库纳尔相信：“在印度，C2C市场平台模式（如同eBay和淘宝一样）的下一个阶段就是阿里巴巴在淘宝获得巨大成功之后，在天猫中采用的B2C模式。”

看来威廉也同意这样的观点，他所举的例子让我联想到了一款著名的动画游戏《模拟城市》(*Sim City*)："我真的很欣赏马云的高瞻远瞩。当市场预期上升，你就得用一种完全不同的产品服务整个市场，所以他创造了'天猫'这个平台。从前和淘宝一起成长的品牌，现在已经转移到天猫那里。从某种程度上来说，这就好像建造了一座很大的城市，里面有许多商店。有些商店知名度更高，所以你会把它们聚集在商场里面，这样人们就能找到声誉更好的商户。作为消费者，你有这个选择：有时候你可以去传统商店，有时候你可以去大的商场。这才是我们的模式未来的样子。"

"中国特色"的电商模式

孔薇一直在等"光棍节"这天，为的就是要在那天采购几个大件。她想换一部新的智能手机的念头已经有一阵子了，而且也知道在 11 月 11 日这一天，可以充分享用国内几乎所有电商网站上提供的各种高折扣。关于手机，她尤其对小米这个品牌感兴趣，目前小米已经成为中国最畅销的智能手机。孔薇知道，这款手机只能在限时特卖活动中买到，而"光棍节"就是其中的一个。现在是上午 10 点半，她刚刚走进办公楼里的星巴克咖啡店，要了一杯拿铁。等咖啡的时候，她打开自己的 iPad mini（苹果公司的小尺寸触控屏平板电脑），将它连接到星巴克提供的无线网络上，然后登录到这个中国最大的电商平台之一小米官方主页上。尽管和常规网站布局不同，但孔薇却很喜欢这个网站。中国网站一般排版很拥挤，而且满屏都是弹出页面；小米旗舰店的这个网站却是非常整洁的。她查看了不同型号的手机价格，发现它们都非常有竞争力。最新发布的小米手机运行速度很快，而且它的设计和屏幕尺寸也是孔薇中意的地方。最后她下了订单，24 小时之内，她就能拿到这部新手机了。仅在 2014 年“光棍节”这天，购买小米手机的消费者人数就达到 116 万，而孔薇只是其中之一。

2014 年，阿里巴巴在中国的“光棍节”当天创造了一项新纪录：仅在 24 小时之内，销售额就达到 93 亿美元，而 2013 年同期的销售额仅有 58 亿美元。在美国，和“光棍节”类似的“网购星期一”折扣日则“仅仅”获得 20 亿美元的销售额，几乎只是阿里巴巴的 1/5。小米也打破了自己的纪录。小米全球业务副总裁雨果 · 巴拉在 Twitter 上宣布，小米在“光棍节”当天完成了 2.54 亿美元的手机销售额。

小米证明了中国电商模式并不只是激励亚洲市场，而是有更伟大的规划。在《金融时报》最近发表的一篇文章中，小米创始人雷军谈到了自己最新的目标，即要将小米“……带出国门，走进巴西、墨西哥、俄罗斯、土耳其、印度和东南亚的五个国家”。[6] 而根据库纳尔的说法，“印度在舍弃个人电脑这方面甚至比中国还要快，所以它也会在移动领域中更快实现广泛发展”。他的意思是说，在新兴国家里，一旦连接变得普及，人们会更喜欢用手机等智能设备上网。这就意味着我们即将迎来移动连接呈指数级增长的发展形势，而小米则正好处在这一阶段的十字路口上。

2014年，小米开始面向10个亚洲国家进行出口贸易。之所以这么做，是因为它的市场发展策略和在中国的一样。“我们的模式在哪里都是一样的。”雨果在2014年雅加达举办的“亚洲创业展会”上如是说，“我们采用的是一种限时特卖的模式，它在所有这些市场中都运营得非常好。”提到印度和印尼这两个国家时，雨果相信它们之间有许多共同点。“小米的这种模式在印度等东南亚国家和地区运营良好，是因为这里的人们情绪十分高涨。”他举了一个例子：在孟买的一天晚上，他刚刚在脸谱网上发布了小米举办的一场比萨宴会的邀请函，紧接着就有68个人响应并出席了宴会。小米的野心可不只是卖手机，雨果很想澄清这一点。“我们计划对亚洲的几家初创企业进行投资，因为我们希望成为初创企业生态系统的一部分。我们希望和当地的生态系统紧密合作，同时也与其服务在未来能与我们产品整合的企业进行合作。”

小米的运营模式融合了电商平台、软件公司和硬件公司三大特性。这证明了中国成功地成为世界硬件制造国之后，又在试图掌控整条价值链，提供完全由本国创造的完整解决方案，而不再依赖于西方模式。借此，小米就成了中国电商模式走向世界以及具有“中国特色”商业模式的又一例证。

中国电商模式不只用于发展中国家，也在影响着西方国家，给它们现有的商业模式赋予灵感。例如，脸谱网对WhatsApp的收购就是要创造一种更贴近微信的服务；Twitter则在应用方面增加了图片发布功能，这与中国的微博很相似。阿里巴巴对美国电商网站11 Main的收购是中国电商模式进军美国的首批众多尝试中的一个成功案例。在波特看来，“经营小众产品的美国小型零售商在线上服务这一点上做得并不好，而亚马逊和eBay也没能弥补这方面的缺憾。我并不确定阿里巴巴是否能够服务好美国大众，但我觉得在市场平台这一块，阿里巴巴还是有实力的”。

在结束采访之前，威廉问我对于彼得·蒂尔的第一个问题“什么重要的真理只有极少数人和你都赞同”怎么看。我的回答是：有一种并不是由美国发展成熟的新型互联网模式，已经可以与发达国家的模式抗衡了。

在我的研究过程中，我的专注点在于将中国的互联网和电商设定在一个更宽泛的背景之下，并观察它们在不久的将来可能的发展前景。现在变得更加明朗的是，中国正把自己和世界上的其他国家连接起来，因为中国需要发展。事实上，为了支持国民和维系可持续发展，中国需要提高中产阶层的生活水准，并且让本国的中小型企业走出国门。

那么互联网和电商要怎么融入其中呢？中国有句成语叫“一石二鸟”，用在这里恰如其分。中国电商模式正在转变为中国进行可持续发展的一种战略工具，也就是杀死“两只鸟”的那块“石头”。中国电商模式使本国经济变得更有竞争力和更高效，同时刺激了国民消费；此外，它还让本国企业与全世界更有效地连接在一块，从而提高销售额。然而，有一个问题成了我这个答案中的可变因素：中国能够实现其增长目标的速度取决于它在多大程度上能够合理掌控内需和外销这两股相反的作用力。平衡迅猛的内部增长与国际战略这两股力量需要智慧与经验，这些都要花时间去培养。

但中国如何让自已和全世界相连呢？下面我要讲述的故事就是关于中国同时进行商业模式国际化和刺激国内需求所采用的一种方式。

EAST-COMMERCE

第八章

跨境电商

“我的脑子里闪现了 1 000 种想法。”这是卢卡（Luca）为准备三项全能比赛，在早上进行 5 公里慢跑训练时想到的。在这三项竞技运动中，跑步绝对是更能够让他脑袋放空的一项。他早上的跑步路线包括城市道路和穿过公园的一条小径。跑步的起点是在靠近上海中心地带的一个区域，然后径直跑向静安金融区，再转入佛寺旁边的一个公园，最后回到家。这个公园正好在他的办公室附近，所以当他在早上 6 点半跑到公园大门时，办公室的灯光早已照亮了整个大堂。在这些想法当中，他今天思考的是市场怎么会变化得这么快，仅仅几年前，他才开始经营一家知名的意大利时装品牌。公司的运营状况非常不错，但新的挑战即将到来，而这要用一种与之前不同的方式去解决。一切仿佛只是发生在昨天，卢卡询问他的长期助理，要不要和他一起在中国创立这家公司。就在几年前，他们白手起家，甚至连办公室都没有。这绝对是一项极具挑战性的工作，但当时所有事情都在可控范围内发展，尽管速度已经超过了西方。但现在，电商改变了这一切。卢卡觉得现在市场的发展速度就像从上海的佘山上下行时自行车显示器上的数字一样快速增长着。他必须要尽快做决定，不能惧怕在发展方向上可能出现的各种突发情况，更要保证不能偏离发展轨道。

电商出现之前，中国主要有两种销售选择：第一种是将品牌授权给当地经销商；第二种是直接控制分销，开设办事处以及独自经营品牌商店。无论选择哪种方式，在“蜜月期”的时候，流程都是清晰一致的：在中国，产品都是经由商店直接卖给国内消费者，而且位置通常在市中心，产品价格也是协商好的。如今，一切都变了。互联网创造了一种新的销售渠道，它消除了物理和地域上的界限。另外，现在有数百万中国游客还会到世界各地购物。简而言之，如今买家能够通过多条渠道轻松地接触到各类产品。尽管这听起来显然有积极的一面，因为渠道越多，购买力就越强，但看起来光鲜的不一定都是好事，就好像闪亮的东西不一定是金子一样。利用这些渠道，中国消费者可以比较价格，进而意识到同样的产品在国外买会比在国内买从国外进口而来的产品便宜许多。所以，世界各地的机场里都排起了长队，那是中国游客在取回增值税退税的钱。更可怕的是，一种新的现象，即跨境电商的到来又成了“火上浇油”。这种新型电商模式由阿里巴巴透过旗下“天猫国际”这个平台发布，它能够让中国消费者无须离开沙发就能买到国外的产品；而且其中有些产品和在中国售卖的完全一样，但价格更便宜。这就给中国各大奢侈品品牌带来巨大的营销压力，这些奢侈品的销售额已经呈下滑趋势。目前，产品看来有两种价格：进口产品价格和在国外购买的产品价格。一个规模巨大的线上平行市场诞生了，而产品的利润率也在降低。

因此，现在的公司都在问：对中国消费者最有效的销售策略是什么？很显然的是，随着电商、社交网络和中国人出境旅游等现象的出现，企业应该创造一种能结合以上各个方面的系统，我称之为“品牌互联”（connected brand）。

卢卡核对iPhone上跑步所需的时间后，就以一种合适的步调开始跑起来。适当调整节奏，不仅能够让他在比赛中表现出色，而且也是他和他的团队在过去这些年里能够保持成功的关键。

创业之初

在研究中国电商的这段旅程中，我的目的不只是要弄清楚它的工作原理，还希望了解外国品牌如何在中国获得成功。有一次我在上海做采访的时候，认识了卢卡，这个对中国奢侈品市场拥有丰富经验的资深经理人。我和卢卡一直就电商的发展历程以及如何创建一种能为中国消费者服务的策略两方面交换意见和想法。他决定和我分享自己的经验，但也请求我保护他的合作者们的姓名以及他公司的隐私。所以我在书中做了改动，但事实和数据都是真实有效的。为了简便，这里我就将这家公司称为“品牌”。

“品牌”活跃于时尚业，它在全球的商店和办事处进行贸易，营业额高达数亿欧元。它是国际时尚品牌落户中国的极具代表性的一家企业。2003 年，公司管理层决定在香港建立亚洲总部，并与当地一家合作伙伴签署了分销协议，将产品销往内陆地区，由此开启了它在中国的历史。仅在几年之内，这个分销商就在中国开设了 300 多家实体店。随后，竞争者就开始纷纷入驻中国，包括开设了 400 多家分店的一家知名的英国品牌，以及在全球拥有数千家专卖店的一家瑞典品牌。与“品牌”不同的是，它的竞争者们在中国都有办事处，这会刺激它们的产品销量。早些年成效还令人满意，但到 2010 年年末的时候，“品牌”就意识到其产品潜力尚未完全开发，是时候在中国建立一种更稳固的销售形态了。

2011 年，卢卡和“品牌”终于相遇。当时一家猎头公司和卢卡取得联系，问他是否有兴趣在中国内地开一家办事处。“品牌”公司的规划极富野心：希望在中国直接建立一家办事处，展现全新的面貌。到中国之前，卢卡在意大利待了三年，任职于一家大型信息技术咨询公司。之后他来到中国的华南地区，为一家意大利著名男装品牌工作，任供应链和运营经理一职。在这里工作三年后，他被调往上海，在零售部门工作，而且一做就是 4 年。他在中国拥有文化和企业运营的背景。和许多千禧年之初来到中国从在工厂打工开始做起的外国人一样，他也是从底层做起。

进入这家公司后，卢卡开始寻找能够实施“品牌”公司策略的合适助手。他自然而然就想到了艾米 · 周（Amy Zhou）。2011 年 6 月，卢卡遇到了他在华南地区任职时的一个前同事艾米，然后就给了她这份工作。选择艾米绝非偶然。她来自浙江温州，一个位于上海南部、距上海大约460公里，以经营贸易和工业为主的城市。温州人主要的特点之一就是他们的企业家天赋和冒险精神，这些优质特点在艾米身上一览无余。她毕业于上海一所高校的英语系，之后在卢卡工作的工厂里找到了一个秘书的职位。过了几个月，艾米就成为他的助理。仅仅6个月内，她就升迁到国际业务顾客服务部任职。三年后，她就成了部门主管。

几年后，由于丈夫要重启自己公司的业务，艾米就跟着一同搬到了上海。尽管这几年两人已经在不同地方工作，但她和卢卡一直都保持联系。当卢卡被任命为“品牌”公司的总经理时，他就想请艾米来这里工作；而艾米也非常高兴能够再次和她钦佩的上司共事。同时，她也清楚这份工作将极具挑战性。她有生产者的从业背景，但没有零售方面的经验；而这份工作中有许多方面需要完善，并需要她来完成，包括整合公司、租办公室、雇用行政职员等等。另外，艾米刚刚成为一名母亲，这份义务必将牵扯她的精力。这时，她的天性为她做了选择：她觉得自己需要一种新的挑战，就像卢卡一样。他们职业生涯的规划非常相似，总会选择既冒险又复杂的职位，这让他们收获了丰富多样的人生体验。他们在一起就会是一个很棒的团队。最后，艾米接受了这个挑战，知道自己即将面临一项苛刻的考验，而且会持续一段时间。工作很快就给她带来了压力。另外，就之前计划好的各项活动的进展情况来看，卢卡意识到他们需要重新定位“品牌”公司。2011年9月，卢卡和艾米开始走访中国大约200家“品牌”实体店，希望能更好地了解这些店铺的情况以及该如何改善运营。在走访的过程中，他们了解到欧洲和中国对“品牌”公司的认知差异非常大。事实上，公司在欧洲的销售对象有60%是女性，剩下40%是男性；而在中国，男装则更受欢迎，所占比率高达85%。另外，只有某一品类商品销售得比较好，而其他产品则严重滞销。卢卡认识到，国内消费者并不了解“品牌”公司的真正价值。他需要向总部汇报这个情况，并要向他们提议：改变“商店所有制”的策略，即公司对商店的拥有形式应该多样化——一些由分销商控制，另一些则由公司直接管理。可当时所有商店的运营权仍然只在分销商的手中。

卢卡和管理层开始讨论最佳的组合模式。双方都同意在中国富裕的地区要有直属的店铺。“像上海和北京这种地方一定要成为我们的‘根据地’。”卢卡说。这两个城市中所有的实体店都要由公司直接管理，包括租赁合同与员工都要由公司负责。另外，他们决定在香港和澳门也采用这种模式，从而为他们在中国的4个分销中心奠定基础。“直营”模式准备就绪，接下来卢卡就要专注于推广“品牌”公司的经营理念。

根据卢卡和艾米在旅途中的见闻，所谓的“重新定位”必须要依靠四大支柱：一种新型店铺理念、一种新的产品分类（后来就有新产品出现在店铺中）、强化直销运营以及最终实现品牌营销。卢卡产生了一个想法：在中国当地找一个推广大使为“品牌”公司代言。随后，他就和中国一位著名的电影明星签署了一份两年合约。这位明星和她的性格会完美融入这个代表现代化城市品牌的形象中。这项成就对意大利和中国的管理层来说意义非常重大。一种全新的渠道又将适时加入进来：数字化。

从线下到线上

2012 年年末，卢卡看到中国电商正在快速发展着，而且即将改变整个零售行业的形态。仅在 2012 年“光棍节”这天，淘宝就赚了大约 30 亿美元。卢卡和艾米很清楚他们应该做些什么，但他们本身没有任何电商经验，所以他们首先要了解电商是怎么回事以及它的运营原理。他们开始观察公司的竞争者们在做什么。艾米会研究这些公司的运营策略，还会访问他们的天猫店铺。那个时候，人们仍然可以看到店铺每周的销售数据。事实上，每个品牌页面上都有它们各自产品的销量，所以艾米很容易就能计算出每家竞争者所开店铺的纯收益大概有多少。从这些数据上看，拥有一家线上商店是非常合理的事情。因此，卢卡和艾米将观察分析后的结论加到他们的商业规划中，还有对一些重要问题的解答，比如：如何开设和经营一家线上商店？最适合在哪种平台上开设这样的店铺？线上团队的规模以多大为宜？有哪些位置是需要填补的？成本和执行时间怎么定？

艾米了解到，要从事线上销售，你必须选择：是创建自己的电商网站还是依赖第三方平台。这个问题很容易解决。事实上，中国 90%的品牌是通过第三方平台进行销售的。她很快意识到，中国有两种平台：第一种是京东商城，即由平台自行采购和直接销售的自营型电商；第二种是天猫商城，即平台型电商。这两种平台不仅采用不同的商业模式运营，而且背后的团队也不一样。如果以京东商城为例，即平台作为买家的身份出现，你就需要一个小的客户关系团队，而且事实上商户们基本上只需要和平台打交道即可；如果这个是平台型电商，那么每个商户就需要建立一个更大的电商团队来解决运营问题，并且还要和成千上万的顾客打交道。艾米和卢卡当然想一开始就找准方向，所以他们对每个选项都会讨论得非常细致和全面。很快他们就意识到，天猫扮演的就是一个“虚拟商城”的角色：它会租下一些商业空间，还会管理现金，而且每天交易结束的时候，它拿到佣金，然后再付给商户。零售业经验丰富的卢卡很熟悉这种模式，所以他们建议管理层，在天猫上开设一家店铺。

后来，艾米针对天猫店铺的运营方式做了进一步的研究。在这期间，有一类名叫“淘宝合伙人”的公司经常和她接触。这些公司通常由阿里巴巴的前员工们创立，或者由完全相同的电商平台投资而成。它们致力于代表各家品牌管理日常电商的整套运营。通过与淘宝合伙人的对话，艾米了解到要想开设一家天猫店铺，他们需要建立虚拟商店，用网页吸引浏览量，管理库存以及支付程序等等。他们必须选择：是把店铺的全部运营外包给淘宝合伙人，自己只在店铺中安排一些担任重要职务的人，还是打造自己的团队。这时候艾米和卢卡意识到他们需要外人的引导，因为他们甚至都不清楚电商的基本功能是什么。因此，他们首先选择和一个淘宝合伙人合作，后者就作为他们的运营启蒙人。解决了这个问题之后，他们的计划最终成型。

2013 年夏天的一个早晨，在意大利的“品牌”公司总部，卢卡对如何在中国开设电商企业的来龙去脉做了解释。他说：“这就像一名冲浪者在追逐海浪，他会盯着海浪，想办法处理水波和细流。在中国，你通常不知道哪波浪潮是对的，所以你要统统试一遍；一旦找到，它会带你走很远。但如果你要等那波对的浪潮过来，运气很可能不会眷顾你。规划在中国并不像在西方一样管用——你永远不知道哪个才是让你大获全胜的最佳机会。”这么说完之后，卢卡采取下一步行动就会比较容易。中国电商已经非常受欢迎，许多品牌公司都在谈论它，而且很清楚自己绝不会错过这波“浪潮”。“品牌”公司的管理层非常支持卢卡和艾米的计划，并让他们全权负责建立和运营这家天猫店铺。2013 年年末，“品牌”公司开设了首家线上商店，但这波浪潮仍然不是对的那个。

尽管公司的品牌大使是位女性，但天猫仍把它当作男装店铺，还把它安置在男装区。经过几个月的运营，“品牌”公司发现男装的销售额占了总销售额的 70%，而女装则只占 30%——在公司重新定位之后，这组数字就显得不太正常了。事实上，“品牌”公司的线下零售店中男装与女装的销量几乎持平。艾米和卢卡必须要想办法平衡这两边的销量并系统化运营这家线上商店。他们回归到零售的最初形态来寻找答案。一般来讲，一个商场会被分为几层，每层又会被细分成几个特殊的区域。例如，配饰在地下一层，男装在一层，女装在二层，童装在三层，以此类推。顾客走进店铺的时候，通常会径直走到自己一直在寻找的那个区域。由于“品牌”的这家线上商店在男装区，所以来到这个区域参观浏览的大多数是男性。尽管有一位女性代言人，但女性不会来这家店，因为她们没法在女装区找到这家店。所以在天猫运营一年后，“品牌”公司决定再开一家女装店铺，并且在2015年上半年又开设了第二家店。仅仅过了最初的两个月后，女装销量就与男装持平，这表明“品牌”公司对线下店铺的分析也同样适用于线上的情况。

第一家店在天猫上经营了一年多以后，它的销售情况就非常理想了。中国已经成为“品牌”公司最重要的电商市场之一，也是增速最快的市场。仅在三年内，“品牌”公司就实现了自我定位，不但在线下建立了直属实体店，而且还成功创建了一种新的线上销售渠道。这表明现在已经迎来将现实与虚拟两个世界合并到一起的时候了。

数字化营销与用户运营

开设店铺并不意味着已经在天猫上取得了成功。消费者不太会偶然间打开一个网页浏览。天猫上有成千上万家店铺，所以要想让大众浏览你家的网页，你必须要认真策划一项数字营销活动。这是艾米从那些淘宝合伙人身上学到的第一课。为创造销量，他们主要用两种方式带动网页访问量：参加由天猫组织的各类促销活动，以及用社交网络与中国消费者对话沟通。

事实上，除了中国的“光棍节”是目前在天猫上最知名的促销活动以外，还有其他可以利用的同等重要的日子向国内消费者介绍新产品。做好这一点的关键在于他们要明白如何参与到这些活动中去。尽管“品牌”公司已经将电商的运营管理外包给淘宝合伙人，艾米仍然要掌握关于如何通过这些活动带来访问量的第一手资讯。一般来说，这种资讯是通过平台和淘宝合伙人之间的交换产生的，他们会讨论关于制造访问量和提升品牌知名度的最有效的方式。平台事实上就是每家店铺研究访问量和取胜策略的守卫者。这些数据产生后，还会被拿来分析，从而帮助商家了解如何组织更有用的活动。比如在 2014 年夏天，阿里巴巴意识到那些购买大尺码文胸的女性很可能在网购的时候会花更多的钱。这种数据分析就是艾米需要掌握的资讯类型。因此，她开始每月参加与天猫和淘宝合伙人的会议，并对会上提到的所有信息做记录。参加会议之所以重要，还有另外一个原因：淘宝合伙人无法像“品牌”一样将其理念传达给外界。如果这也被外包出去，那么平台很可能会被误解，就像“品牌”最初只被归到男装区一样。

想明白如何制造访问量以后，艾米还要了解如何与消费者进行沟通。“品牌”公司决定开设自己的微信账号，借由这个全世界最大的社交媒体平台之一与其消费者进行交流。这个官方账号主要对两方面做推广：产品和品牌。公司每周会更新页面两次，目的是告诉消费者：“品牌”的风格就是都市生活方式的标准。另外，这也是在向全世界分享公司的历史和主要活动。

既然那些数字营销活动已经就绪，“品牌”公司认识到应该在现实和虚拟商店之间建立一种通力合作的连接，也就是O2O模式。这就是中国零售业获得成功的新关键。“品牌”公司就是如此，它将线下的旗舰店与线上的销售结合到一起，从而创造了一个很大的消费者数据库，并将其从线下带到了线上。为了做成此事，零售团队会把二维码摆放在实体店里。只要有人扫到这些二维码，他们就会得到一个网购时可用的折扣或者收到一份礼物。

促销活动、互动活动、二维码和展会活动使得“品牌”公司成功将线上与线下两个世界紧密连接在一起。现在离成功仅一步之遥。然而，考虑到事态发展的未知性，至少从目前来看，我们还不敢确定企业是否能获得成功。

国际化的电商策略

沿着公园南区的湖边跑步的时候，卢卡想起最近与公司高管的对话。尽管已经在中国境内成功建立这种O2O模式，但这似乎还不够。有两种新趋势即将在中国出现：出境旅游和跨境电商。中国人逐渐成为“品牌”公司在欧洲地区的主要顾客，尤其是伦敦、巴黎和米兰，还有美国和加拿大。请中国明星作为品牌大使为“品牌”在全球的华人社区赢得了不少赞誉。同样“不少”的还有销售额，因为中国游客已经发现，在国外购买同样的产品会更便宜。这种现象尽管目前还有限，但长此以往会演变为令人头疼的事。和那些大的奢侈品品牌不同，它会用接近半价的折扣清理在中国的库存商品，中国人出境旅游的增长势头对“品牌”公司来说并不是个严重的问题。同样的产品在国内外存在差价是很正常的事，但“品牌”公司并没有将自己定位成高规格公司，对于中国的中高端消费者来说完全可以接受。它的产品也不会出现“天价”的情况，而且一年之内还可以多次购买。因此，中国游客在境外的消费并没有给国内销售额造成太大的影响，消费也保持持续增长中。管理层也认为，向中国消费者提供相同的国外购物体验和产品质量服务是很有必要的。所以卢卡认为，问题出在了别处。几个月以来，亚马逊已经告知“品牌”公司，私人卖家、批发商和零售商通过网上交易等方式已经对其构成威胁，尤其是他们利用天猫在2014年发布的一家新型跨境电商网站“天猫国际”进行产品交易。除了新颖以外，这个平台还专门用于向国内消费者提供拥有“全球质保”的产品，这充分反映在它的口号上面:“这里有100%保真的国际产品，也保证100%是国际销售。”在中国以外产生的交易通常在那些拥有国际资格认证、好的声誉和质量保证的国际品牌与中国本土消费者之间发生。天猫与天猫国际的不同之处就在于后者允许外国品牌向国内大众进行直营，并且无须在中国设立实体店。物流则是来自和天猫合作的物流公司，运送时间通常在5—10天；又或者订单可以在中国某个自由贸易区的仓库内进行。

由于跨境电商的帮助，中国市场上很快将充斥各种外国产品，而且世界各地的人都可以做销售。对所有品牌来说，这既是一个机会，也是一个挑战，因为这些平台可以让任何人做交易，只要产品保真。一场在品牌和中间商的全新战役即将打响。随着地域界线被打破，如今的竞争也变成了全球性的竞争。

跑完步后，卢卡回到家先洗了个澡，然后和家人一起共进早餐。吃完后，他下楼等司机来接他。在去往静安区的路上，他把之前写在iPad上的笔记又整理了一下。到公司的时候，他先走进一家新开的米兰时尚咖啡店，这里的卡布奇诺完全是按照意大利标准制作的，但就是太贵了。“这才是问题的真正所在。”卢卡认为。同种商品在中国和外国之间的价格差距是可持续的，除非业务不会在线上进行，比如咖啡店。但当一切都连接起来的时候，无论是咖啡还是服装，你都不得不承认时代已经不同了。“时代变了。”卢卡想，“这一切发生得太快了。天猫国际也才发布了几个月，现在就已经成为将来发展的趋势之一。这感觉就像进入了一个粒子加速器——一切都运转得太快了。”

卢卡上了电梯，直达40层，和同事们打着招呼，他们刚刚考察完公司在中国北方的几家店铺，然后径直走进自己的办公室。他把包放在办公桌上，然后看到上面放着一份来自亚马逊的新报告。他简单翻看了几页，然后走向会议室准备与艾米和采购经理召开日常例会。今天早上他们要谈论的是价格以及与总部商讨的实施方案。首先他们探讨私人卖家的问题。艾米做了一些调查，还和天猫以及淘宝合伙人都交谈过。私人卖家指的是个人卖家先从批发商手上买来企业在其他国家中售卖的产品，然后再在网上卖。只要能接触到产品，任何人都可以在这些新型平台上做销售。天猫国际就是这样一个平台，但它仍然很新，而且入门门槛仍然很低。私人卖家的发展非常快。“我们为什么不请天猫移除那些私人卖家呢？”卢卡问道。艾米回答说，根据她和天猫交谈之后的结果，虽然有些门槛早已制定，但那些已经开设店铺售卖正品的卖家会被认为是合理合法的。“这种平台只是买卖双方之间的一个连接者。将私人卖家移除会损害他们的利益。”艾米说道。

“品牌”公司的竞争者们正遭受这个问题的困扰，因为这直接造成它们的销量下跌。有些品牌会扪心自问，它们在中国的产品销量有多少是直接来自它们自身的。对有些品牌而言，这个数字仅有25%。也就是说，它们在中国的产品销量中，来自品牌自营的只占到 25%；剩下的产品则由分销商、批发商和私人卖家销售出去。卢卡认为，“如果‘品牌’公司的线上交易持续增加，那么在天猫国际上开设一家旗舰店就显得很有必要了”。这就是他要给总部提出的建议。卢卡明白，对中国消费者销售商品意味着你要实施一种全球性策略。事实上，只要拥有“品牌”公司的产品，任何人都能把它们卖给中国人。随着中国消费者占的比重越来越大，创造一种“连接性品牌”的策略必须包含跨境电商这项活动。开设旗舰店就是给这些消费者一个明显的信号：一项无可比拟的服务。一般来说，零售商在品种和商品尺寸上很受局限，而官方旗舰店却可以接触到所有品类。而在产品更新这一点上，官方旗舰店也可以更快做出调整；私人卖家则做不到这点。

卢卡知道，跨境电商还会引发另一个问题——价格，这才是“房间里的大象”。在某些情况下，产品在天猫国际上的售价要低于中国市场上的实际售价。比如一家商店以5折的价格买入一件产品，然后以7折的价格在中国市场上卖出，那么它还能赚得20%的利益。即使“品牌”公司在天猫国际上开店，那么它要如何解决这个问题呢？是该降低本地价格还是放弃这个平行市场，然后把注意力放在已有的线上商店身上，提供最优质的服务呢？中国和世界其他地区之间存在的价格差距很可能会对中国的线上和线下市场造成巨大的影响。卢卡会和意大利总部的管理层主要探讨两种方案：公司可选择以欧洲市场价格作为产品在天猫国际上的售价，就像它的竞争者们一样；或者维持中国与世界各地的这种价差。从短期来看，降低售价具有很明显的优势，即销量会猛增；但从长远考虑，设定一个在天猫国际，一个在天猫和线下商店两种不同的价格，会造成不良后果。事实上，“品牌”公司自2012年以来就不遗余力地在中国反复做自我调整和定位。如果降低了价格，就很可能会使之前所做的一切付之一炬，也会破坏“品牌”公司的全盘策略；在中国的线上和线下市场继续维持更高的价格虽然符合公司的策略，但如果其他商店以更低的价格在天猫国际上售卖“品牌”公司的产品，那么这无疑影响后者的销量。

这些问题的答案无关对错，因为要考虑的因素有很多，其中就包括竞争力持续增加和采取长期还是短期的策略。另外，“品牌”公司还是一家上市公司，它在中国的销量将直接影响它的股价。这是个复杂的选择，需要中方与意方管理层进行密切协商。然而，“品牌”公司也从中学到了很多重要的教训，所以我才请卢卡分享他的故事。“品牌”公司认识到，中国电商已经改变了游戏规则，无论在国内还是国外。所以建立一个能全面接触中国消费者的“连接性品牌”是十分必要的。如果“品牌”公司仍然无动于衷，那么目前在中国发生的这种技术革命很可能突然之间就会抢走它的生意。就其经验来看，“品牌”公司已然清楚：正因中国人没有像欧美人那样经历过线下购物的革命，他们对网购的热情势不可当。低价购物的机会要远胜于“触碰和感受”产品的需求。中国消费者宁愿买两件产品，然后退掉那件他们不喜欢的产品。对消费者来说，没有触碰或看见产品并没有那么重要。因此，网购一定会继续发展，并将在零售业的总销量中占据更大的份额。有人会说，电商只是在帮着让这块“馅饼”变大，也就是说它并没有影响线下的销量，但这块“馅饼”只能变这么大，而且看起来线下销量不太可能不受影响。

电商确实已经让人们充分接触到产品，但它仍存在风险，而且会将零售业带入一片未知的丛林。为了解决这个问题，降低价格似乎是个更容易的选择，但其他因素也要考虑，这样才会建立一种可持续的长期策略。当这种革命正在发生的时候，你要如何维护品牌的利益呢？各家品牌应该想到，房地产成本的增加会带来加价的压力，而中国人出境旅游的频繁程度也会让消费者很容易比较哪里的商品更便宜。由此看来，电商确实正在扰乱市场。通常各家品牌还没有注意到的时候，它们的产品已经被别人在网上卖出去了。

卢卡的故事让我意识到，许多品牌必须得认真想想它们在中国的营销策略，现在和10年前可是不一样了。未来中国的商品价格和境外的价格很可能趋于一致。不过可以肯定的是，对中国消费者销售产品已经不再是本地市场的事情了。即便一家公司的产品尚未在中国上线，但其国际化的电商策略已经无法忽视中国消费者这个庞大的群体了。

EAST-COMMERCE

第九章

下一个大趋势

不知你是否想过，只需在头上戴一个高科技产品就能享有一种完全虚拟、沉浸式的娱乐体验。现在你就有了多种选择。例如，你可以戴着谷歌眼镜上网或者观看视频，又或者戴着Oculus Rift玩各种虚拟现实游戏。

被称为“新一代虚拟现实设备”[1]的Oculus Rift是一种头戴式3D游戏设备，由总部位于美国加州洛杉矶南部尔湾市（Irvine）的一家硬件公司Oculus虚拟现实公司所设计。为了帮Oculus Rift募集研发资金，该公司在美国著名的众筹平台Kickstarter上发布了一个集资活动，并取得了巨大的成功，最终筹集的资金总额超过200万美元。[2]

2014年3月，马克·扎克伯格宣布脸谱网以20亿美元成功收购Oculus，并计划将其变成脸谱网未来的发展平台之一，从而“让人们获得更有用、更具娱乐性的个人体验”。[3]

Oculus并不是唯一一个从事头戴设备领域的热门企业，另一家公司的名字很快也会家喻户晓。距离尔湾市西北方向700公里的地方就是红木城（Redwood City）。这里就是硅谷的中心，也是Avegant公司的总部所在地，它以自主研发的Glyph虚拟现实眼镜而著称。

被评论网（Reviewed.com）称作“移动的个人剧院”的Glyph并不是一款具备虚拟现实技术的头戴式耳机，而是一种视网膜显示器。你可能会问这有什么区别。和一般在屏幕上看电影或节目不同，它不是一款通常意义上的3D头戴式耳机，而是里面的图像会直接传送到使用者眼睛的视网膜上。基本上来说，这就像在看一台高分辨率的电视。

Glyph看起来就像Beats头戴式耳机，但它还可以横着戴在头上，面向前方，变成一个像护目镜一样的娱乐设备。通过一台电缆（上面有一个微型的高清晰度多媒体接口）连接到手机上，Glyph就可以用于看电影、听歌，而且不久之后还能做其他的事，比如操控无人机——它里面装有一个陀螺仪。

2014年2月，和Oculus一样，Avegant也在Kickstarter上面发布了一项集资活动，同样也取得了成功，最终筹集到150多万美元，而该公司最初只想得到25万美元的启动资金。同年8月，世界经济论坛称Avegant为全球24个技术先锋领导者之一。

据Avegant首席执行官约尔格·特韦斯（Joerg Tewes）所言，“我们想发布这个产品的一个原因就是我们在视频、数据和音像三个方面看到了共通点”。

约尔格给我举了个例子。当前，Glyph主要专注于移动媒体消费这方面；未来，Glyph里面还会增加一些传感器，进而能够测量脉搏、血氧浓度、瞳孔的扩张程度和体温等等。它还可以记录佩戴者眨眼的次数。在征得使用者的同意后，它还能够与内容供应商进行互动交流。约尔格解释道，一部特别的电影可能会出现不同的结局，而依靠Glyph收集的数据，使用者还可以体验到“私人订制”的电影剧情。

收集数据并将其连接到网上，这让Glyph成为适用于物联网的一种切实可行的工具。同时，这也成为一种趋势，预示着它将以暴风骤雨之势席卷全球，而中国也已经准备好在其中扮演一个至关重要的角色。

跨越太平洋的一座桥梁

2014年12月，我在深圳举办的“IDEAS互联网与物联网产业跨界”峰会上见到了约尔格并了解到Avegant公司。IDEAS峰会由科通芯城的首席执行官康敬伟和腾讯前首席技术官、现为七海资本创始人的熊明华联合组织，是首个关注美国硅谷与中国深圳两地互联网与物联网的跨境峰会。

与会的参与者包括腾讯、京东、华为和ARM公司等行业领先企业的负责人，知名学者，创新人士以及风险投资专家。他们齐聚深圳，参加这场持续一天的盛会。

这场盛会为中国与硅谷两地的创新人士和技术革新者提供了一个机会：大家齐聚一堂，就物联网产业方面交换意见。实际上，这里就是展现未来10年发展趋势的一个展示会，而Avegant公司的Glyph虚拟现实眼镜就是其中之一。

这个由科通芯城旗下平台硬蛋网主办的峰会不只是一个社交活动，它还标志着这个专为物联网而创的首个跨境平台的诞生。康敬伟和熊明华举办的这个峰会相当于在太平洋两岸搭建了一座新的桥梁，大家齐心协力，共同推进技术发展。

2015 年年初，也就是我第一次采访康敬伟的时候，他告诉我："物联网正在硅谷起势，有许多天赋异禀的工程师都在那里工作。然而，目前还没有一个系统帮美国这些新兴企业找到供应商、获得可靠的融资或是获准进入中国市场。"

康敬伟认识到，技术正在全球化蔓延。现在他想找到一种方式，将中国及其生产的硬件设备投放到世界其他市场中去，尤其是全球物联网市场。他希望能够在中国创建一种生态系统，能够将四面八方的想法转化成迎合大众的产品。

创建这个生态系统的目的是引进各行各业的领军企业，大家共同建立一个完整而开放的平台，从而帮助更多新兴企业在供应链中获得资源。这样一来，大家都是赢家。

这就是创立硬蛋网的初衷。2014 年 7 月，由康敬伟创立的 B2B 网站在香港成功上市。通过利用科通芯城的资源和能力，硬蛋网为新兴企业提供了各种供应链服务。"这个平台将首先帮助那些新兴企业改善它们的产品质量，然后再帮助它们和国内的生态系统中的其他资源连接起来。"康敬伟如是说。

为庆祝这个平台的诞生，康敬伟以"连接每个人，共创生态系统"这个目标，与京东和华为等大型电商公司，京东旗下的众筹部门“凑份子”，七海创投、启明创投等投资平台以及中国最大的社交网络平台微信等都建立了合作关系。

以我的所见所闻来看，熊明华和康敬伟似乎已经触碰到那个正确的按钮。如今，技术正在全球化发展，而中国也想分一杯羹。Avegant的首席执行官约尔格就以自己的事例，解释说明这种生态系统将如何成为让中国融入世界这场“游戏”中的“改变因子”。

约尔格曾任硅谷一家知名的技术公司罗技（Logitech）数字家居业务集团副总裁和总经理长达7年之久。他多次来到中国，参观公司在这里建立的工厂和它们的供应商。尽管如此，他最近才意识到中国的数字化发展带来的各种优势。

在最近一次造访中国的旅途中，约尔格注意到，寻求供应商、筹集资金和在线销售在中国已经相互联系起来。“上一次来中国之前，我原本计划先在美国发布Glyph眼镜，然后是欧洲，最后才轮到亚洲。”约尔格说，“但后来我意识到，我们可以在美国和中国同时发布这款产品。”

按照约尔格的说法，这种生态系统会让企业将所有的重要参与者都连接到一起，帮助他们又快又有效地进入中国市场。“每家公司都想做成这件事，所以一旦大家达成一致，你就会为这一切在中国发生得如此迅速而感到惊奇。”

鉴于我在深圳已经看到人们对此产生兴趣，物联网将成为全球最大的趋势之一，尤其在中国。这已经不是秘密。

但物联网又是如何与电商产生联系的呢？

物联网与商业闭环

在听康敬伟和约尔格讲话的时候，我想起了北京那场“全球移动互联网大会”，腾讯首席运营官任宇昕在大会上宣称：“未来就是将线下世界和线上世界连接起来。”

过去几年，互联网以非常快的速度向前发展着。随着智能手机的日益先进和普及，可连接到网络服务的电子设备的数量也实现了大幅增长。除了这些设备以外，互联网还可以连接更多的事物。我们周围的一切事物都将连接到网络当中，用以收集、处理和分享信息。

据思科这家主营设计、制造和销售网络设备的全球知名企业的预测，到2020年，我们将有大约500亿个设备连接到互联网上。这为我们开启一个具有无限可能的世界，同时也会使电商得到进一步发展。

O2O应用软件卡都的发明者倪宝然认为物联网和电商将会成为“电商数字化”的一部分。“当前，电商平台已经开启了网购模式，而且多亏了O2O模式，它们将服务和业务转移到网上进行。”他说，“可以说，中国的商业模式和电商模式已经合二为一了。”

物联网即将在商务领域引起又一波革命浪潮。“不久之后，这些平台就会把事物连接到网上。将人、企业和设备连成一体会创造庞大的数据量。这种现象已经让各个平台加快建立数字高速公路和数据中心，也就是云平台。各种云服务、物联网和数据分析将会相得益彰，共同创造一种完全不同却更加智能的方式从事商业活动。”倪宝然说。

数据将在云平台中累积起来，而云平台就将变成“数据银行”。“那些能够存储和拆解数据的公司就会成为新的银行。”倪宝然说，“在银行里，我们会存钱；在云银行里，我们会存数据。”

“智能硬件和物联网将成为未来10年互联网时代的核心。”熊明华说。通过电商渠道，连接到网上的智能设备和人将会创造一种更佳的购物体验。

但这将如何真正推动电商发展呢？

“物联网会使商业行为成为一个闭环。”倪宝然解释道。我们佩戴和使用的物品将变成与我们联系最为紧密的信息来源。从我们的健康状况，到我们的朋友，再到与我们息息相关的个人习惯，那些设备将会提供关于我们的各种数据。个人数据将转化为模型，从而使企业为顾客定制专属服务。

“如今，消费者希望零售商能够满足他们的需求，而且还想得到一种更好的用户体验。多亏O2O模式，他们现在正享受着一种综合性的体验。”倪安然说，“比如在选择一家餐厅的时候，我通常会用手机上的餐馆应用软件，像鼎食聚或大众点评网，然后选择那家评价最优的餐厅。”

根据倪宝然的说法，物联网将为每个人提供一种专属而独特的方式去购买产品。“以后我们可能在路过一家餐厅的时候，通过可穿戴设备就能接收有关价格促销的信息，或者收到出于某种健康状况考虑而推荐的某个产品的信息。最终，这些联网的设备就会帮助许多企业扩展业务，甚至超出原来的增长预期。”他解释道。

这就是物联网推动电商发展并使其扩大规模的途径，用于其中的物联网设备和可穿戴设备就扮演着传感器的角色。如果把数据比作大脑，那么电商就相当于臂膀。根据熊明华在接受《福布斯》杂志采访时所言，互联网巨头中的X因素很可能指的不是一家互联网公司，而是一家物联网企业。“如果你展望未来的10年，我会说中国的互联网巨头将不会是我们现在所看到的那三家（阿里巴巴、百度和腾讯）……我们会看到物联网将变成新兴巨头企业的诞生之地。”[4]

奇点在中国发生？

随着互联网和移动设备的渗透率越来越高，中国电商模式正在被广泛采用。考虑到国内用户数量庞大和市场多元的特点，中国有必要研发出各种创新型互联网模式来满足国内消费者参差不齐的需求。因此，中国很可能会研发出很多先进的模式来影响整个世界，因为这些模式正是为了世界上最大的用户群体而建立的，并且是经过验证的。

但电商可不是中国会领先世界的唯一领域，它也很可能成为物联网模式的领导者。事实上，电商已经创造了一个高度连接化的世界。在这里，现实世界和数字世界正在前所未有地融合为一体。通过利用云服务和数据中心，这个世界能够收集和分析基于大量人口数据的信息。与此同时，它也会相应地推动这个精密复杂的网络向前发展。

若在这个复杂的网络中加入物联网整合指数级数据的力量，它将同时推动电商和物联网的创新和发展。

为什么有这样的可能性呢？

这里我要再次利用技术发展的概念来帮助我们理解接下来会发生的事。

当物联网的强大力量融入一个由电商创造的高度连接的网络格局中时，它们的关系将层层推进，并推动彼此呈指数级增长。

这是什么意思呢？

按照著名奇点学家、奇点大学创始人之一的雷·库兹韦尔（Ray Kurzweil）的说法，创新力是呈倍数增长而不是通过相加递增的。社会的不断进步就是用最新的技术来创建新技术，所以进步的速率就会呈指数级增长。这就是“加速回报定律”（Law of Accelerating Returns）的含义。

与即将采用物联网的其他地区的增长模式不同，中国的物联网将会发展得更加完善。也就是说，当第一层（比如电商）已经很先进的时候，那么接下来的一层（比如物联网）就会变得更先进。

由于物联网的出现，中国创造的这个高度连接的世界将变得比我们现在看到的更加强大，而且它的发展也会比世界上任何国家和地区都要快。这是因为有了上一层的帮助，下一层就会发展得更快些。

但这并不代表故事到此结束。

在《奇点临近》（*The Singularity is Near*）这本书中，雷·库兹韦尔阐述了一个名为“奇点”的概念：在未来的某个时段，技术变革将会迅速发生，以至它将不可逆转地改变人们的生活。这种改变会对我们所依赖的各种理念产生影响，无论是有关电商模式还是人类的日常生活。

中国电商和物联网是世界上规模最大的将现实世界连接到数字世界的一项实验。它们以前所未有之势，将人类与技术连接起来。在数字化进展迅猛的形势下，中国已经决定踏上这条路，即依靠技术进行改革和推动本国文明的发展，也即“奇点”之路。如今，伴随着智能手机的广泛使用以及线上业务的日益增多，这已然显而易见。

曾经基于传统工业模式发展的中国社会，如今正在快速向“技术先进型”社会转变，智能住宅、自动驾驶的自行车和无人驾驶汽车将很快成为数百万人生活当中的一部分。当然，中国要完全转变成一个以未来技术模式为基础的社会尚需时日，但电商和物联网的出现，表明中国已经下定决心走这条路，并且已经迈出了将本国文明推向未来的第一步。

我不确定自己的预测是否真的会像我描绘的这般变成现实。然而随着时间的推移，我在书中描述的那些趋势正在逐渐凸显出来；而且在我写这本书的时候，那些数字化的“种子”就已经在中国埋下了。我不知道中国是否会先于其他国家实现“奇点”，但我很确定的是，据硅谷几千英里之外，我发现了一个地方，它已经创造出必将影响10亿人生活的模式。

全世界都该注意了！

致谢

他们说写书就像抚养孩子：你把全部的心血都注入到它身上，然后它似乎一点点地回馈你。这听起来似乎有点极端和具有局限性，但我还是认同这种说法的，至少在写书上。刚开始写这本书时，我告诉自己，我能够在4个月内写完这第一本介绍中国电商模式的书。当时我只想简单地写个指南。随着日子一天天过去，我的野心越来越大，以至我发现这种预计很不现实。最后，我花了一年的时间才完成这本书。

许多时候，写书也像创立公司，计划永远赶不上变化。但我认为这通常能得到最好的结果。

无论是把写书比作是养孩子还是经营公司，都需要我努力并给予呵护。而呵护的成果也是一种想法与其所诞生的环境的融合。

回头再看，我才意识到，随着渐渐汇集众多全球企业家的思想感悟，我写这本书的初衷在这些年里早就变开阔了。大部分的内容都是来自于我的随身笔记——我将自己的点评、想法、草图和在许多活动和会议中所受到的启发随手做的记录，这些笔记甚至在我整理成册前，甚至是我有写书的想法前就已经开始积累了。

我花了一些时间，终于找到能把我的想法和故事以书的形式完美呈现的团队。一开始我想写的这本小小的指南，到后面就变成一本手册，直到最终完结时，成了一本书。在整个写作过程中，我进行了一系列的勘误和修正。它的美妙之处，就在于我在旅行中遇到的人更丰富了我的想法。他们的建议与观点让我的“孩子”更茁壮地成长，也让我对我们所处的世界有更清晰的认识。

首先我要感谢珍妮弗·约翰逊（Jennifer Johnson），她帮我完成了这个到目前为止我遇到的最具挑战的任务之一，包括耐心地帮我整理故事，直至成书。在这个过程中，她拿出无数的时间和精力，跟我讨论想法，编辑我的书稿并给我提建议。对此，我深表感激。

另外，我还欠一个朋友托比·奥弗马特（Toby Overmaat）很大的人情。在我写到第四个月的时候，她坦诚地跟我说，这本书的信息非常充实，美中不足的是少了点故事性。身为律师，我认为自己很清楚该怎么写，但事实证明我大错特错。一直以来，托比都非常支持我，给我提供非常有用的建议，为我理顺这本书的结构，帮我解释“中国电商模式”的真正含义，还总结出这一模式的三大基本特征。在这本书的创作过程中，她就像一个导师，给予我无尽的支持。只要我有需要，她就会来帮我。

对于塑造了本书艺术性的插画作者——陈晓平（Shelby Chen），我也要表达深深的感谢。除了每个章节前用iPhone创作的插画外，本书能够面向中国读者发行也得益于他的帮助。自2011年开始他便在手机上作画，这些作品通常花费20—30分钟的时间。他的作品曾于2013年发表在金融时报中文网。陈晓平生长于北京，曾在美国工作多年，是青云创投管理合伙人，致力于投资节能环保清洁技术企业，也是一位值得尊敬、富有才华的企业家。

我还要对下面这些人表达谢意，是他们丰富的人生经历促成了这本书的诞生：波特·埃里斯曼、薛哲君、布鲁斯·尼科（Bruce Nikoo）、威廉·塔努维阿亚、康敬伟、刘峻岭、托因·鲁吉曼斯、奥诺·施罗伊斯（Onno Schreurs）、吕传伟、库纳尔·贝尔、韦奕博、甘剑平、孔薇，以及所有为我的写作提供了自己人生经验的人。我非常感谢这些大人物能参与到这本书的创作中。更荣幸的是，通过与他们接触，我能有机会向他们学习。

在对电商概念和运作模式进行必要的研究方面，我要尤其感谢爱德华多·卡尔法尼亚（Edoardo Carfagna）。他是我这本书的调研分析员，也是我第一次接触中国电商领域时和我一起做研究的伙伴。他引入了中国年青一代的重要思想和立场，并用它们分析移动设备对电商行业的影响。这是我研究伊始并未关注的部分。同时我也要感谢他建议将这本书命名为*East-Commerce*。

此外，我还要感谢恩瑞克·马蒂奥利（Enrico Mattoli）、埃丽卡·沃昆和他们在香港瑞银集团的同事。他们不仅一直支持着我，还不遗余力地向他们的客户推荐我的书籍和想法。最后，我非常荣幸能够接触到亚洲电商行业中的一些杰出领导者。他们让我深受启发。

我要再次感谢科通集团的康敬伟和李峰两位先生。通过他们的介绍，我才接触到物联网这个神奇迷人的世界。如果不是他们愿意拿出时间和我交流，我就无法将这么重要的内容写进书里。我还要感谢亚历山德罗·杜伊纳和他创立的网站Prodygia.com。他们不仅帮我将这本书制成电子版传到网上，让读者在线阅读，还支持我的这些大胆的计划。我终于找到了我“要啃的那块骨头”。

最后，我要感谢熊明华先生愿意为我这本书作序，他也向我展示了“技术无边界”的道理。

正如一个父亲将儿子抚养到成年，这个过程总是喜忧参半：它给我带来的疑虑和担忧让我保持清醒，但在它的成长过程中我从没质疑过自己的骄傲。现在的它已经自由翱翔于天际，为全世界带来别样的光彩。

这就是我这本书和这段旅程的意义所在。

注释

第一章

1. 1) MSN; 2) Yahoo!; 3) AOL; 4) Daum; 5) Yahoo! Korea; 6) Iloveschool; 7) Microsoft; 8) Yahoo! Japan; 9) Excite; 10) The Weather Channel.Source: Alexa, http://www.alexa.com.

2. Baidu, QQ.com, Taobao, Sina, Hao123, Weibo, Yandex, Google.co.in.Source: Alexa, http://www.alexa.com.

3. Richard Dobbs, Yougang Chen, Gordon Orr, James Manyika, MichaelChui, Elsie Chang, "China's e-tail revolution", McKinsey Global Institute(MGI), March 2013, http://www.mckinsey.com/insights/asia-pacific/china_e-tailing.

4. Source: www.statista.com.

5. Ray Kurtzweil, *The Singularity is Near*, Penguin Books.

6. "Is Asean e-commerce at an inflection point for e-commerce?" UBS report, June 13, 2013, http://simontorring.com/.

第二章

1. “eBay China rumors”, *Search Engine Journal*, September 26, 2006, http://www.searchenginejournal.com/ebay-china-rumors/3839/.

2. Charles Clover, “Alibaba has single handedly brought e-commerce to China”, *Financial Times*, March 23, 2014, http://www.ft.com/intl/cms/s/0/11022ce8-a61a-11e3-8a2a-00144feab7de.html-axzz37c21nNOl.

3. Porter Erisman, *Crocodile in the Yangtze*, 2012, Taluswood Films.

4. “China’s pied piper”, *The Economist*, September 21, 2006, http://www.economist.com/node/7942225.

5. Shumpeter, “The China wave,” *The Economist*, September 13, 2014, http://www.economist.com/news/business/21616974-chinese-management-ideas-are-beginning-get-attention-they-deserve-china-wave.

6. OpenTable是一家网上餐厅，于1998年在旧金山创立，主要提供实时订餐服务。Source: Wikipedia, https://en.wikipedia.org/wiki/OpenTable.

7. Kaiser Kuo, “History of the Internet in China”, by Sinica, May 25, 2014, http://popupchinese.com/lessons/sinica/history-of-the-internet-inchina.

8. Richard Dobbs, Yougang Chen, Gordon Orr, James Manyika, MichaelChui, Elsie Chang, “China’s e-tail revolution”, McKinsey

Global Institute(MGI), March 2013, http://www.mckinsey.com/insights/asiapacific/china_e-tailing.

9. “Bazaar”, http://en.wikipedia.org/wiki/Bazaar.

10. 大型集市和股票交易中心在伊斯兰国家的兴起带来了新的资本，并最终促成新的商业帝国的建立。古时候的伊朗集市分为两类：“商业集市”和“社会商业化集市”。前者并不是当时人们从事社会活动的中心，而是演变成一个基于“无商户系统”的城市化经济体。而那些典型而著名的集市则属于社会商业化集市，它们以商业城市以及里面的社会经济活动中心为根据地。Reza Masoudi Ne jad, “Social bazaar and commercial bazaar:comparative study of spatial role of Iranian bazaar in the historical cities in different socio-economical context”.http://mmg.vweb12-test.gwdg.de/fileadmin/user_upload/pdf/reza_rezamasoudi.pdf.

11. 中文里的“东西”指的是进出一个市场的两道主要关卡。换句话说，你会在某个市场的“东”“西”两道关卡之间找到某件“东西”。这就意味着在这个市场上，你可以买到任何“东西”。

12. Charles Clover, “Alibaba has almost single-handedly brought ecommerceto China”, *Financial Times*, March 23, 2014, http://www.ft.com/intl/cms/s/0/11022ce8-a61a-11e3-8a2a-00144feab7de.html.

13. “How Alibaba’s Jack Ma conquered China”, Inc.com, http://www.inc.com/jack-ma/alibaba-jack-ma-reveals-how-he-conquered-china.html.

第三章

1. From Porter Erisman’s documentary: *Crocodile in the Yangtze*. Thedescription is an English translation of “Il Coccodrillo Alibaba” by Eugenio Cau published on Il Foglio on September 20, 2014, http://www.ilfoglio.it/articoli/v/121153/rubriche/il-coccodrillo-alibaba.htm.

2. Liana B. Baker, Jessica Toonkel, Ryan Vlastelica, “Alibaba surges 38percent on massive demand in market debut”, Reuters, September 19, 2014, retrieved September20, 2014, http://www.reuters.com/article/2014/09/20/us-alibaba-ipo-idUSKBN0HD2CO20140920.

3. Josh Noble, *Financial Times*, September 22, 2014.

4. David Rothnie, “Malhotra hits an ace with Credit Suisse in Asia”, Institutional Investor, June 5, 2013, http://www.institutionalinvestor.com/Article/3214359/Corporate-Coverage-Archive/Malhotra-Hits-an-Ace-with-Credit-Suisse-in-Asia.html#.VpUvik_g-Vk.

5. From “Il Coccodrillo Alibaba” by Eugenio Cau published on Il Foglioon September 20, 2014, http://www.ilfoglio.it/articoli/v/121153/rubriche/il-coccodrillo-alibaba.htm.

6. Kaiser Kuo, “History of the Internet in China”, by Sinica, May 25, 2014, http://popupchinese.com/lessons/sinica/history-of-the-internet-inchina.

7. Chinese Internet companies were in fact founded by Chinese

returnees with American Green Cards.

8. Kaiser Kuo, "History of the Internet in China", by Sinica, May 25, 2014, http://popupchinese.com/lessons/sinica/history-of-the-internet-inchina.

9. As of December 2014 hao123.com was the 21st most popular websiteaccording to Alexa, http://www.alexa.com/topsites.

10. Source: Qiming Ventures Partners, as of October 2015.

11. Lorraine Hahn, "Jack Ma Talkasia transcript", April 25, 2006, http://edition.cnn.com/2006/WORLD/asiapcf/04/24/talkasia.ma.script/.

12. Source: www.statista.com.

13. Source: "Alexa Top 500 Global Sites", http://www.alexa.com/topsites, retrieved October 2015.

14. Source: "Tencent, more than QQ instant messaging in China", the chinaobserver.com, undated but posted prior to February 12, 2009.15. Source: www.statista.com.

16. Source: "Alexa Top 500 Global Sites", retrieved October 2015.

17. Source: "WeChat Life Report" issued by Tencent on October 23, 2015, http://mp.weixin.qq.com/s?__biz=MzAxNzYxMzc0OA==&mid=400131662&idx=1&sn=9f24c35c801e6ea0a10275687b9612ff&scene=5&srcid=1024ndAyZnmtyX1F8BcLQKF6#rd.

18. Source: CLSA "Building the future", September 2014.

19.根据中国互联网网络信息中心的数据显示，截至 2014 年 7

月，中国的微信用户数量超过 6.32 亿，并且微信每天要处理的信息传输量高达 127 亿。(来源: 里昂证券亚洲分部“构建未来”，2014 年 9 月。) 这些数据表明，截至 2014 年 7 月，每个使用智能手机的中国用户都有一个微信账号，而且每天平均发 20 条信息。这个数字相当巨大。

20. Source: “Alexa Top 500 Global Sites” , retrieved October 2015.

21. Source: www.ir.baidu.com.

22. Bruce Einhorn, “China’s Google tries to move offline” , Bloomberg, September 18, 2015, http://www.bloomberg.com/news/articles/2015-09-17/china-s-google-tries-to-move-offline.

23. Tim Culpan, “Baidu’s Li says investors don’t get China’s coming Internet boom” , September 14, 2015, http://www.bloomberg.com/news/articles/2015-09-13/baidu-s-li-says-investors-don-t-get-china-scoming-internet-boom.

24. Ibid.

25. Alexis Madrigal, “Why we should stop calling Baidu the Google of China” , Fusion.nrt, February 26, 2015, http://fusion.net/story/54528/why-we-should-stop-calling-baidu-the-google-of-china/.

26. Gwynn Guilford, “These men may revolutionize how you shop” , Quartz.com, September 10, 2014, http://qz.com/257752/these-menmay-revolutionize-how-you-shop-theres-a-reason-theyre-all-chinese/.

27. Guido Santevecchi, “Non solo Alibaba, I super big cinesi che

sfidano laSilicon Valley", *Corriere della Sera*, September 22, 2014, http://www.corriere.it/economia/finanza_e_risparmio/notizie/hi-tech-cina-alibaba-apre-strada-sfida-silicon-valley-solo-all-inizio-ee902fca-4231-11e4-8cfb-eb1ef2f383c6.shtml.

28. Source: CLSA "Building the future", September 2014.

29. Charles Clover, "Xiaomi fundraising values the group at $45 bn", from *the Financial Times*, December 29, 2014, http://www.ft.com.

30. Charles Clover, "Selling to the next billion", *Financial Times*, November11, 2014, http://www.ft.com/intl/cms/s/0/bddc67e2-68c7-11e4-af00-00144feabdc0.html.

31. Reuben Sushman, "Vipshop holdings: overpriced or a value Chinese Ecommerce company?", June 2014, http://seekingalpha.com/article/2324155-vipshop-holdings-overpriced-or-a-value-chinese-e-commercecompany; also see "Flash-selling answers the margin problem", June 2014, http://www.fool.com.

32. Josh Horwitz, "A new wave of US Internet companies is succeeding in China", qz.com, June 26, 2015, http://qz.com/435764/a-new-wave-ofus-internet-companies-is-succeeding-in-china-by-giving-the-governmentwhat-it-wants/.

33. Marco Gervasi, "Flash sales site in China looks for a luxury boost withMaserati", Tech in Asia, June 5, 2014, https://www.techinasia.com/china-glamour-sales-site-maserati-sports-car/.

34. 中国电商经验的概念及其组成部分在京东的上市招股说明书中已有详尽的描述:“我们要给消费者提供一种愉悦的线上零售体验。通过我们内容充实、易于操作的官方网站……我们会以极富竞争力的价格向消费者提供各种货真价实的产品，而且物流也快速可靠。另外，我们还会提供便捷的线上支付、个人支付和综合性售后服务。为了更好地达成目标并确保顾客满意，我们已经在全国建立起专属的目标性基础设施以及‘最后一公里’快递服务。”Source: JD.com listing prospectus, http://www.sec.gov/Archives/edgar/data/1549802/000104746914000443/a2218025zf-1.htm.

35. Source: JD.com listing prospectus, http://www.sec.gov/Archives/edgar/data/1549802/000104746914000443/a2218025zf-1.htm.

36. 阿里巴巴在上市招股说明书中提到:“我们一直致力于用市场平台上列出的产品和服务的种类和价值来吸引买家，并让他们感受完整的用户体验，享受支付及物流便捷的服务，等等。”http://www.sec.gov/Archives/edgar/data/1577552/000119312514184994/d709111df1.htm。

37. Pete Swabey, “Alibaba to build $48bn ‘smart’ logistics network in China”, Information Age, May 29, 2013, http://www.information-age.com/industry/services/123457075/alibaba-to-build-48bn-smart-logisticsnetwork-in-china.

第四章

1. “Cash cow, Taobao. One small hamlet is teaching people how to sellonline”, *The Economist*, May 24, 2014, http://www.economist.com/news/china/21602755-one-small-hamlet-teaching-people-how-sellonline-cash-cow-taobao.

2. Charles Clover, “Alibaba’s looks to transform antiquated state dominatesectors”, from *Financial Times*, November 11, 2014, http://www.ft.com/intl/cms/s/0/c24e1540-69b8-11e4-8f4f-00144feabdc0.html-axzz3JTduTiWl.

3. Morgan Stanley Asia Insight, China Retail/Internet, Dawn of O2O—Connecting the unconnected, June 25, 2014.

第五章

1. Source: www.statista.com, “Number of mobile subscribers in China as of June 2015.”

2. Source: MIIT of China, March 2014.

3. Source: CNNIC, June 2015.

4. 根据普华永道 2014 年的调查报告《实现全面零售》的说法：“依靠移动设备，中国消费者在购买产品及服务方面位居世界领先地位。”通过对 900 名中国消费者进行调查，发现其中有 77%的消费者会在移动设备上购买产品。在这些人当中，又有 49%的人使用平板电脑购物，剩余 51%的人则使用智能手机购物（至少一个月一次）；

而在世界其他地区的 15 080 个被调查者当中，相应的百分比分别只有 22%和 21%。

5. Source: China logistic industry update. Li & Fung Logistic Centre, June 2012.

6. Source: Iresearch, March 2014.

7. Rick Carew, "Chinese taxi-hailing app's valuation soars to $8.75 billion", from *The Wall Steet Journal*, April 1, 2015.

8. Source: June 25, 2014, China Retail/Internet Asia Insight: Dawn of O2O—Connecting the unconnected.

第六章

1. Source: Mogujie, October 2015.

2. Source: Mogujie.

3. Source: Mogujie, October 2015.

4. Lily Kuo, "How Alibaba is using bra sizes to predict online shoppinghabits", Quartz.com, November 12, 2014, http://qz.com/295370/howalibaba-is-using-bra-sizes-to-predict-online-shopping-habits/.

5. David Corbin, "Jack Ma, the C2B business model is an undeniabletrend", Tech in Asia, July 15, 2014, https://www.techinasia.com/jackma-softbank-world-alibaba-business-model/.

6. Lily Kuo, "How Alibaba is using bra sizes to predict online shopping habits", Quartz.com, November 12, 2014, http://qz.com/295370/

howalibaba-is-using-bra-sizes-to-predict-online-shopping-habits/.

第七章

1. According to McKinsey, by city, Jakarta is Twitter's most active city, https://twitter.com/mckinsey_csi/status/420620928733560832.

2. Catherine Shu, "Snapdeal one of India's largest e-commerce players reportedly gets $500M from Alibaba, Foxxconn and SoftBank", August 3, 2015, techcrunch.com, http://techcrunch.com/2015/08/03/snapto-it/.

3. Farai Gundan, "Sim Shagaya: On building the next big thing, Konga, Africa's version of Alibaba", http://www.forbes.com/sites/faraigundan/2015/01/07/sim-shagaya-on-building-the-next-big-thing-konga-africasversion-of-alibaba-part-one/.

4. "Konga emerges Africa's biggest online retailer", Ventures Africa.com, October 2014, http://www.ventures-africa.com/2014/10/konga-emergesafricas-biggest-online-retailer/.

5. Timothy Coghlan, "How Baidu is exapnding globally", Tech in Asia, September 11, 2015.

6. Charles Clover, "Selling to the next billion", Financial Times, November11, 2014, http://www.ft.com/intl/cms/s/0/bddc67e2-68c7-11e4-af00-00144feabdc0.html-axzz3LfVdDCB3.

第九章

1. Source: Oculus VR website, http://www.oculus.com/rift/.

2. Source: Oculus VR website, http://www.oculus.com/.

3. Source: Facebook, March 25, 2014, https://www.Facebook.com/zuck/posts/10101319050523971.

4. Aaron Tilley, "Former Tencent CTO Jeff Xiong is hungry for investmentsin the Internet of Things", *Forbes*, November 12, 2104, http://www.forbes.com/sites/aarontilley/2014/11/12/former-tencent-ctojeff-xiong-joins-ayla-networks-board-as-he-starts-investing-in-internetof-things-startups-coming-to-china.